Fruit & Vegetable Cutting

蔬果切雕 極致技法集

FRUIT ACADEMY® 果雕藝術家® 代表 **平野泰三** Taizo Hirano   FRUIT ACADEMY® 果雕藝術家® 校長 **平野明日香** Asuka Hirano

U0076660

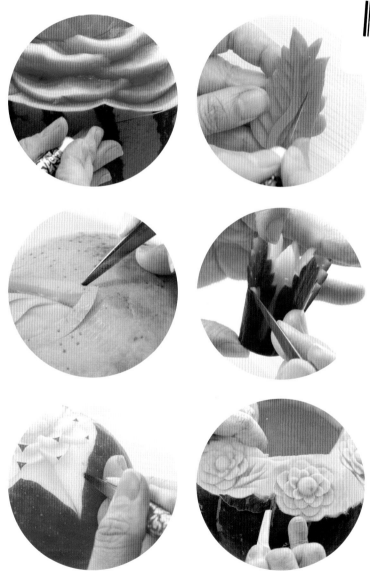

瑞昇文化

CONTENTS

蔬菜切雕 VEGETABLE CUTTING…143

作品集 ANTHOLOGY…144

蔬菜雕刻法 VEGETABLE CUTTING TECHNICS…151

魅力十足的水果&蔬菜雕刻

　　水果自然的色澤、香味與美味多汁的感覺極富魅力。新鮮蔬菜的顏色與香味則充滿了健康意象。

　　能夠更加突顯出蔬果魅力的是稱為「Cutting」的蔬果雕刻技術。

　　將蔬果切雕得很漂亮，除可提昇食用方便性外，還能夠強調該香味與美味多汁的感覺。運用切雕技巧即可使日常吃慣的平凡蔬果顯得更華麗，看起來更澎湃。蔬果經過切雕，就會顯得更立體，大大地提昇存在感。舉辦派對、招待賓客時，將當季水果與時令蔬菜切雕成漂亮裝飾，就能作出令人驚喜的演出。

　　日本的四季水果、各國進口水果，乃至蔬菜等物產都很富饒，將水果與蔬菜切雕組合後當作裝飾，即可使餐桌上有更多采多姿的表現。

　　蔬果雕刻成品中不乏看起來很困難的造型，事實上，大部分造型都是以相同的技巧反覆切雕後完成。為了更清楚地解說切雕技巧，書中除收錄大量圖片外，還會透過圖解，詳細解說刀刃動作與切雕方法。請耐心地練習，盡情地享受蔬果雕刻樂趣。並以蔬果雕刻來裝飾料理或餐桌，讓家人與賓客都感到賞心悅目吧！

FRUIT ACADEMY® 代表 **平野泰三**
果雕藝術家®　　　　Taizo Hirano

FRUIT ACADEMY® 校長 **平野明日香**
果雕藝術家®　　　　Asuka Hirano

切雕後更方便食用而讓人更想吃

去皮後分切是最普遍的水果與蔬菜吃法。去皮方法、果肉切法、分切後的排列方法，事實上，運用這些技巧亦可提昇蔬果的食用方便性。「哇！還有這種切法呀！」，蔬果切雕既可傳達這種創意構想，又能夠提昇享用蔬果時的樂趣與美味程度。

P105

使料理顯得更華麗、看起來更澎湃

水果與蔬菜的顏色，的確是最適合為料理增添「華麗感」的要素。將具備這個要素的蔬菜、水果切雕成裝飾，即可使餐點顯得更華麗，看起來更澎湃。生鮮蔬菜切雕後，除了可直接當裝飾外，還可與其他食材一起蒸煮。

P037

P129

P037

營造料理的季節躍動感

烹調料理時，以當季水果、時令蔬菜作為配菜或裝飾，就能營造季節躍動感。以經過切雕的
水果或蔬菜為裝飾，能使整道料理看起來更生動活潑。以切雕成花形的蔬果來裝飾料理，既
可營造躍動感，又可大大展現季節感。

P129、P188、P151

P113

P112

P183

P162、P174、P183、P192

P140

P157

展現香氣與甜美可愛的氛圍

蔬果經過切雕後，就會因為該香甜味道而魅力大增。其中以水果的甜美滋味最令人陶醉。將水果切雕成植物或蝴蝶形狀後當作裝飾，還可為料理或甜點增添可愛氛圍，構成重點裝飾。

P206

P037、P112

P119

P135

P132

在派對或特別日子的演出

西瓜、洋香瓜、鳳梨等,充分運用這類大型水果的寬闊表面做切雕,即可於派對宴客時成為最精彩的表演。大型果雕造型還可構成擺放Pincho※或開胃菜的基座。除了圖案之外,還可以雕刻上文字,在值得紀念的日子作為禮物送給派對的主角,抑或是在活動中安排一個橋段讓賓主一同共享,藉此炒熱氣氛。

※Pincho——西班牙美食中於正餐前享用的開胃菜或下酒菜。菜上插著牙籤,吃完後以牙籤計價。

P055、P073、P129

P073

P086

P115

P108

P063

P099

Fruit Cutting
水果切雕

網紋洋香瓜
MUSKMELON

光皮洋香瓜
HONEYDEW MELON

昆西洋香瓜
QUINCY-MELON

西瓜
WATERMELON

鳳梨
PINEAPPLE

西洋梨
PEAR

柿子
PERSIMMON

蘋果
APPLE

臍橙
NAVEL ORANGE

木瓜
PAPAYA

草莓
STRAWBERRY

MUSKMELON SWAN 天鵝造型網紋洋香瓜切雕

天鵝造型網紋洋香瓜切雕的外形華麗，看起來很豪華，在派對宴客時採用最賞心悅目。取下的果肉部分可利用挖球器處理成圓球狀後當裝飾。搭配其他水果亦可。

HONEYDEW MELON HEART 愛心造型光皮洋香瓜切雕

心形部分雕刻玫瑰花，再加上大大小小的愛心造型。鏤雕心形部位後，將光皮洋香瓜內的種子清理乾淨，鏤空部位可裝飾其他水果。

雕刻方法：P051

HONEYDEW MELON SWAN 天鵝造型光皮洋香瓜切雕

頭部的傾斜方式等部分與P.16的「天鵝造型網紋洋香瓜切雕」不一樣。但構成的線條基本上大同小異。亦可加上花卉等裝飾以取代花瓶。

雕刻方法：P063

QUINCY-MELON FLOWER BALL 花球造型昆西洋香瓜切雕

巧妙利用表皮、表皮內側、果肉的橘色部位，形成漂亮色彩對比的造型果雕。上部雕刻花模樣，下部切平後盛盤的果雕實例。

製作果雕裝飾時，組合更多種類的水果，即可使作品的華麗度倍增，大幅提昇水果的魅力。西瓜的存在感十足。以西瓜表皮的綠色與黑色紋路、表皮裡側的白色部分、果肉的紅色部分形成漸層效果，即可完成表情更豐富的造型果雕。西瓜是水分較多的水果，長時間裝飾也不容易乾掉。

WATERMELON HEART FLOWER 心形花朵造型西瓜切雕

製作／石井麻美

西瓜表面切雕心形外框,框內雕刻玫瑰花。表皮內側的白色部分也切雕葉片
形狀,完成充滿華麗氛圍的造型果雕。

雕刻方法：P086

WATERMELON WAVE 波浪造型西瓜切雕

將西瓜切雕成波浪狀，留下些許綠色表皮，完成很生動的造型果雕。欣賞角度不同，
表皮的白色部分、果肉的紅色部分看起來也會有所不同，深深地吸引目光。

雕刻方法：P078

WATERMELON TRIANGLE PATTERNS 三角花瓣造型西瓜切雕

將西瓜表皮的綠色與黑色紋路的部分切雕成三角形。
雕刻部位朝上，底下切平後盛盤。看不出西瓜原貌，
令人驚喜的盛盤方式。左為包裝實例。

WATERMELON PLACARD 標示牌造型西瓜切雕

製作／平野明日香（下）、石井麻美（上）

西瓜表皮上浮雕文字而充滿立體感。除雕刻派對的主要貴賓姓名、活動名稱等文字外，還可雕刻HAPPY BIRTHDAY或「祝　10週年紀念」等祝賀詞。西瓜表面寬廣，在文字周圍雕刻玫瑰花，作品顯得更華麗。

WATERMELON PORTRAIT 雕像造型西瓜切雕

從事蔬果雕刻除可切雕各種造型外，還可呼應賓客期望，完成肖像或雕刻插畫。決定雕刻範圍時，必須考量正面欣賞時的角度。雕刻全身時，則需留意臉部表情，尤其是眼睛部分，必須配合西瓜的條紋（黑色部分）。希望露出西瓜的紅色果肉部分時，必須思考紅色部分適合位於插畫的哪個部位。基本上，雕刻刀必須斜斜地切入，而且只有其中一部分做深雕處理。但是切雕輪廓部分時，有時候雕刻刀必須垂直切入，以雕刻出清晰分明的輪廓。外側的鋸齒狀部分則稍微雕大一點，充分考量從遠處欣賞時的角度。

PINEAPPLE TREE 樹造型鳳梨切雕

將整片葉子也繞成一捲一捲的，以整顆鳳梨完成造型的切雕實例。斷面可當作插放巧克力或起司串等的基座，最適合於派對宴客時演出。鳳梨表面為排列整齊的螺旋狀堅硬稜目，將該部分切成∨型而更方便食用。看起來切得很深，事實上不會浪費掉太多果肉。

雕刻方法：P112
PERSIMMON FLOWER 柿子玫瑰花
雕刻方法：P037
HONEYDEW MELON ROSE 光皮洋香瓜玫瑰花

以無子柿子（persimmon）切雕「玫瑰花」。可加在沙拉中央當裝飾，或用於裝飾冰涼甜點。柿子玫瑰花旁加上光皮洋香瓜玫瑰花。盛盤時充分考量色彩搭配。以兩種顏色的玫瑰花完成非常特別的蛋糕。

雕刻方法：P115

APPLE CARNATION 康乃馨造型蘋果切雕

使用果肉較硬的蘋果更容易完成細緻的雕刻。切雕時隨意地在各處留下些許表皮，完成表情更豐富的作品。花瓣做成大波浪而顯得生動活潑。

雕刻方法：P119
APPLE CANDLE STAND 蘋果燭台
雕刻方法：P127
NAVEL ORANGE CANDLE STAND 臍橙燭台

將蘋果、臍橙鏤空切雕後，當作燭台使用。水果表面則透過切雕描畫
圖案或花朵。以水果完成燭台，點亮蠟燭後，就會因為熱度而散發出
芳香味道。

雕刻方法：P132 **PAPAYA BOAT** 小船造型木瓜切雕

以木瓜為容器的雕刻實例。盛裝其他水果或盛入冰淇淋、刨冰，都賞心悅目。

PAPAYA FLOWER TREE 花樹造型木瓜切雕

立起木瓜作為裝飾的果雕實例。木瓜經過切雕後，就會散發出陣陣甘甜香氣，派對宴客時採用的話效果最令人讚賞。

最熟悉的草莓經過切雕後，感覺更新鮮有趣。相較於直接裝飾，切雕後的草莓給人感覺分量更多、更豐富。

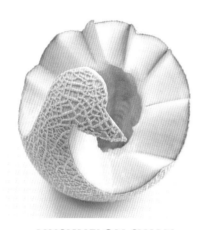

MUSKMELON SWAN
天鵝造型網紋洋香瓜切雕

以外形華麗又澎湃的天鵝造型網紋洋香瓜切雕，為派對宴客活動增添歡樂氣氛。

使用的刀具

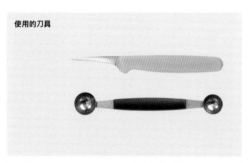

刀長4.5 cm的雕刻刀。刀刃堅硬，刀身細窄，方便精雕與切雕弧度，也適用於處理堅硬食材。另外準備一把挖球器。

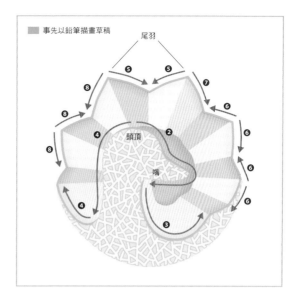

事先以鉛筆描畫草稿
尾羽
頭頂
嘴

1

技巧還不是很熟練時，先利用深色鉛筆，將天鵝圖案描在瓜體的表面上，再進行雕刻。利用2B左右的鉛筆，將圖案畫大一點，再沿著線條中央切雕，就不會留下線條痕跡。以蒂頭附近作為天鵝的頭頂部位。

左手確實地扶住瓜體，以無名指固定持刀的手，刀刃切入至瓜體裡側長著種子的空洞，切入深度為果肉的厚度，不需要切得太深入。從天鵝的頭頂部位，朝著嘴的方向切雕。嘴的部位切大一點，等最後修飾階段才調整形狀。一開始就雕成尖尖的嘴型，萬一失敗就難以修正。

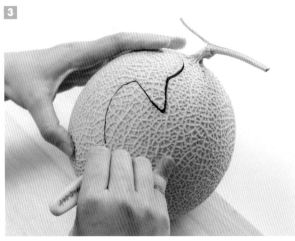

從嘴下部位下刀，朝著頸部方向切雕。

從頭頂部位下刀，朝著腦後方向切雕。

5

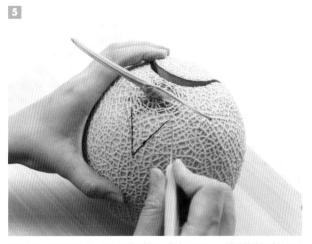

隔著蒂頭，於頭頂的另一側切雕尾羽部分。劃上V形切口，使頂點位於連接頭頂與蒂頭的延長線上。

6

於步驟④切雕的延長線上，劃切羽毛部分的V形小切口。

7

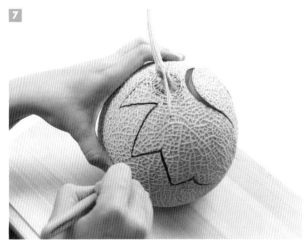

連接步驟⑤切雕成尾羽的V形端部，與步驟⑥劃切的V形小切口。

8

於步驟③切雕的延長線上，如同步驟⑥劃上切口後，同步驟⑦連接切雕成尾羽的V形切口。

9

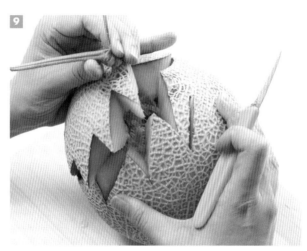

於劃切口完成尾羽後側的部分，再劃個切口分成兩部分，先取下其中一半。用手捏住蒂頭部位，邊確認果肉的切離情形，邊輕輕地取下該部分。

10

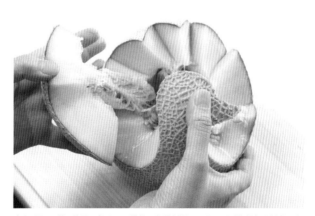

小心地取下剩下的另一部分。天鵝的頭部易折斷，因此，以手指輕輕地按住頭部才取下該部分。然後修整嘴型，切雕成尖尖的形狀。

利用挖球器挖出種子部分,將洋香瓜內部刮乾淨。挖出的種子部分以細密濾網過濾,再以西打(蘋果酒)稀釋,即可完成美味可口的洋香瓜飲料。

取下部分的果肉,以挖球器挖成球狀,連同挖成球狀的鳳梨與西瓜一起盛入。

HONEYDEW MELON ROSE
光皮洋香瓜玫瑰花

使用的刀具

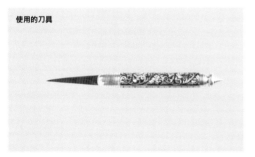

使用雕刻刀。

將想雕刻玫瑰花的部位朝上,開始切雕。以筆尖般的硬物作上記號。先決定中央,接著以大致相等的距離,於上下左右作上點記號,然後連結各點,描畫圓形。

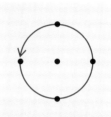

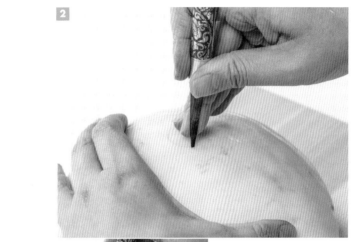

立起雕刻刀,刀尖垂直切入約10㎜。把中指當作圓規的針,抵住頂點,切雕出直徑3㎝的圓形(下圖①)。由9點鐘位置,往6點鐘方向轉動瓜體,依序完成切雕。接著由距離該圓形外側5㎜處開始切雕,朝著最初劃上切口的刀尖,斜斜地劃上切口(下圖②)。由3點鐘位置,往6點鐘方向轉動瓜體後,切除一片V形廢料。

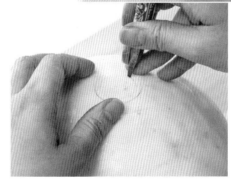

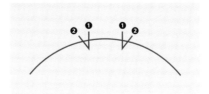

3

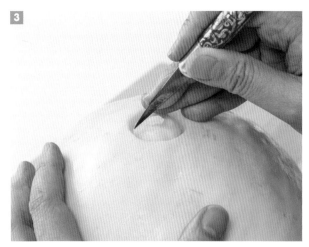

圓形中心形成圓柱狀，削切稜邊後，修圓調整形狀。

4

刀刃縱向切入步驟③修圓部位的邊緣（右圖①），然後改變刀刃角度再切入（右圖②），切除兩者間的果肉（以下稱廢料）以完成花瓣。接著把下一片花瓣的切雕部位修圓調整。以相同要領切雕下一片花瓣，並使花瓣邊緣重疊上一片花瓣。

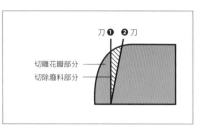

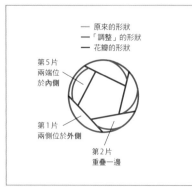

5

切雕第1層花瓣後，中間要降低高度，以相同要領完成小一圈的花瓣。

6

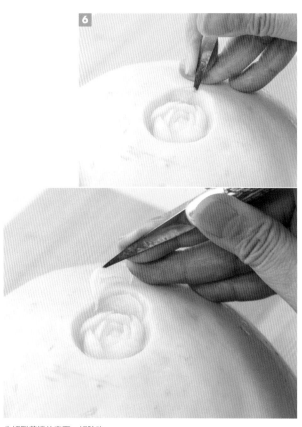

先切雕花瓣的表面。切除玫瑰花周邊的廢料，形成溝狀部位（藍色線條）後，調整形狀（紅色線條）。接著切雕花瓣。由（黑色線條）中央基部（A）開始切雕。雕刻刀垂直切入後，邊扭轉柄部，邊臥倒刀子，朝著中央尾端（B）切雕。以相同要領切雕左右後，於中央尾端（B）會合。

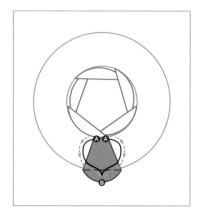

7

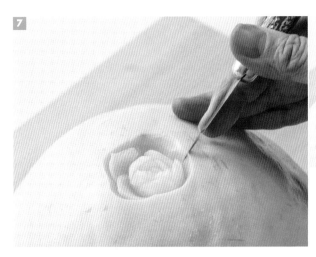

修整下一片花瓣部位的表面後，切雕花瓣一整圈，使花瓣邊緣重疊著上一片花瓣。

8

以步驟⑥的要領，於第1層花瓣與花瓣之間切雕花瓣，完成第2層花瓣。

9

切下花朵。刀尖朝著花朵中心下方的延長線上，斜斜地、深深地切入長著種子的部位。刀尖方向維持不變，刀刃上下切雕，邊朝著逆時方向轉動瓜體，邊切下花朵。

變化雕法

P.37的光皮洋香瓜玫瑰花的變化雕法。切雕成相同大小的玫瑰花佈滿半球狀瓜體表面。

製作／新澤結加

1

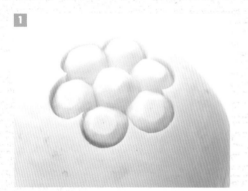

先完成一個小半球，作為切雕花瓣的基礎，接著環繞小半球切雕6個小半球，再依序擴大延伸至讓半球狀瓜體表面佈滿小半球。

2

同P.37光皮洋香瓜玫瑰花的切雕方法，在每一個半球上雕出玫瑰花瓣。每朵花瓣的中央處不要都做成相同的造型，讓形狀稍微變化，就能帶出生動的感覺、讓表情更為豐富。

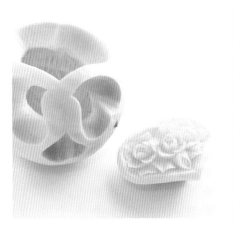

HONEYDEW MELON HEART
愛心造型光皮洋香瓜切雕

價格親民，容易取得的光皮洋香瓜。表皮完全轉變成黃色時，就是最美味可口的時候。

使用的刀具

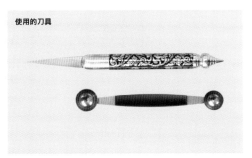

使用雕刻刀、挖球器。

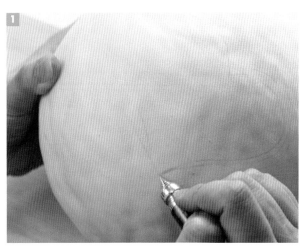

描畫大心形。切雕前先以雕刻刀柄部尾端描畫形狀。若描畫的大小為正面看時的最大範圍，會很難一眼看出心形的造型。因此建議描畫略小於最大範圍的心形。心形描畫成左右不對稱，看起來更生動。

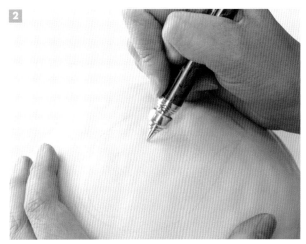

心形中央浮雕圓形。以雕刻刀柄部尾端作記號。

3

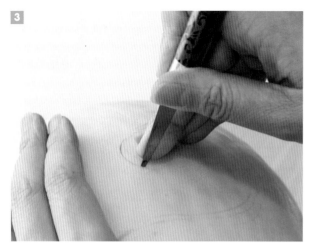

參考描畫的線條，將雕刻刀的刀刃垂直切入。以小指當作圓規的針，刀刃由9點鐘位置切入後，朝著6點鐘方向，邊上下切雕，邊轉動瓜體，繼續完成切雕。因為切雕過程中轉動瓜體，因此刀子一直維持在9點鐘位置。

4

於圓形部位稍微外側的地方劃上切口。朝著最初劃切圓形部位的刀尖位置，將雕刻刀斜斜地切入。由3點鐘位置，朝著6點鐘方向，邊用刀刃上下切雕，邊轉動瓜體，依序完成切雕後，切除一片環狀廢料。因為切雕過程中轉動著瓜體，因此刀子一直維持在3點鐘位置。

5

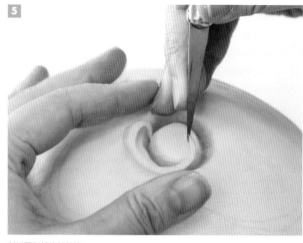

削切圓形部位的外緣。

6

圓形部位依序切雕成玫瑰花。將刀刃垂直切入圓形部位的邊緣（P.43圖的刀①）。

7

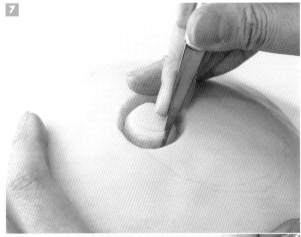

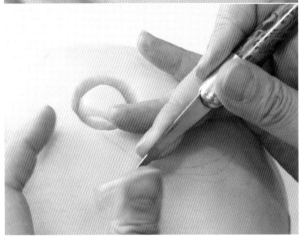

然後，在切口內側的部分，朝著垂直切入的刀尖方向去大幅改變角度，使刀刃朝外並斜切入刀（右圖的刀②），切除廢料，使花瓣呈現浮雕狀態。

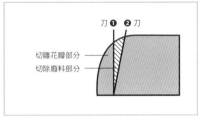

刀❶ ❷刀

切雕花瓣部分
切除廢料部分

8

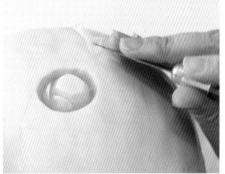

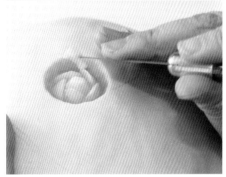

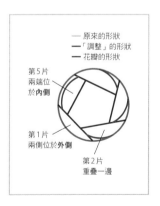

削掉凹凸不平的部分，調整表面後，切雕下一片花瓣。為了重疊第1片花瓣，從花瓣的內側垂直劃上切口，大幅改變角度後，將刀刃斜斜地切入，切除廢料以便花瓣呈現浮雕狀態。重複相同動作，共完成5片花瓣。

— 原來的形狀
— 「調整」的形狀
— 花瓣的形狀

第5片
兩端位
於**內側**

第1片
兩側位於**外側**

第2片
重疊一邊

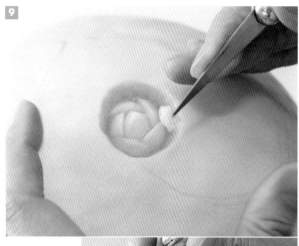

於花瓣的中心部分切雕第2層花瓣。調整表面後，如同第1層，劃上切口，依序切雕成浮雕狀態。切雕第3、4片花瓣時，營造出中心部位還含苞待放的感覺，將該部位切雕成尖尖的狀態。

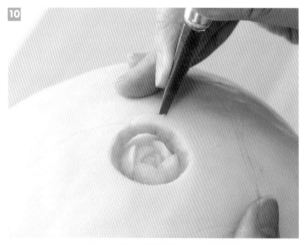

於溝的外側依序切雕花瓣。溝的表面切雕成圓弧狀，完成花瓣的表面。

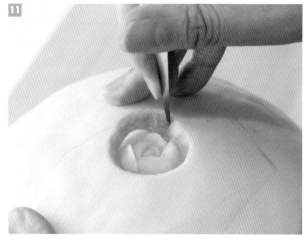

切雕花瓣的背面。切雕表面後，將刀刃垂直切入，邊描畫曲線，邊繼續切雕，削尖花瓣尾端部位。

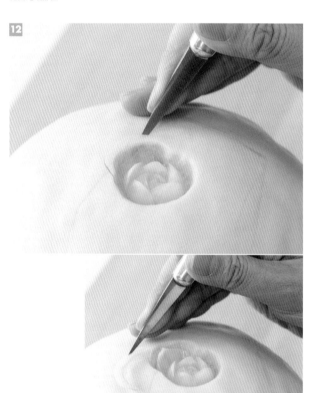

改變角度後，刀刃從切雕花瓣部位的背面切入，切除下側（背面）的廢料，使花瓣呈現浮雕狀態。切雕第2片花瓣時，使花瓣重疊在第1片花瓣的背面。以相同要領完成5片花瓣。

13

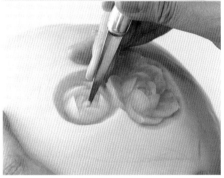

觀察心形範圍內的空隙，於相鄰位置切雕另一朵玫瑰花。以
雕刻刀柄部，於邊緣稍微重疊的位置描繪圓形後，以切雕第
1朵玫瑰花的要領依序完成切雕。

14

外側的花瓣也以相同要領依序完成切雕。與相鄰玫瑰花重疊的部分則省略花瓣。

15

於空曠處切雕花苞。相對於瓜體表面，將刀刃呈90度垂直切入後，切雕花苞的
輪廓。左右以相同方式入刀後，刀刃於尾端部位會合。

16

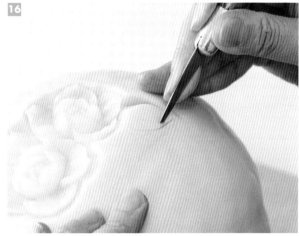

瞄準先前切雕線條的刀尖位置，由內往外，將刀刃斜斜地切入後，切除廢料。

17

削切花苞的表面，修圓調整成杏仁形狀。

18

於瓜體表面依序切溝。立起刀刃似地淺淺地劃切，邊微微地斜切，邊劃上切口。其次，朝著先前劃切線條的刀尖，臥倒刀刃似地切入後，邊微微地切雕出圓弧度，邊繼續切雕，切除廢料。

19

表面呈現山峰狀，因此削切後修圓調整。

20

如同第1條線，於第1條線的下方切雕第2條線。

21

正中央部位邊形
成圓弧狀，邊切
雕V形溝。調整
尖端部位與空隙
部分。

22

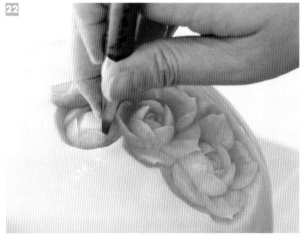

空隙部分再切雕另一朵玫瑰花。

23

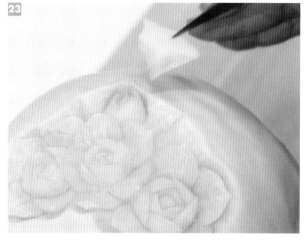

於心形範圍內的空隙部分切雕葉片。邊注意著心形輪廓，邊決定葉片位置，切雕
表面部位。決定中心線後，切除廢料以降低中心線。

24

從葉片表面部位入刀後，邊切雕，邊切出刀刃，將刀刃切出後扭轉，再度切入，
重複以上步驟，將邊緣切雕成鋸齒狀。

改變角度後再入刀，切除下側（背面）的廢料，使葉片呈現浮雕狀態。

邊觀察空間，邊完成邊緣重疊的葉片。

沿著心形輪廓調整形狀，切除多餘的部分。

利用雕刻刀柄部，在靠近心形輪廓的稍微外側部分描線一圈。

29

沿著下線，留意著瓜體中心並斜斜地下刀，將刀刃徹底切入後，劃切一整圈，切下整個心形部位。

30

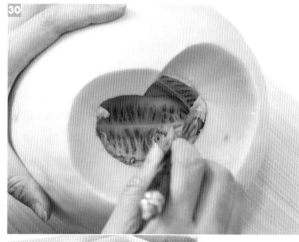

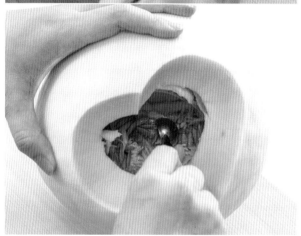

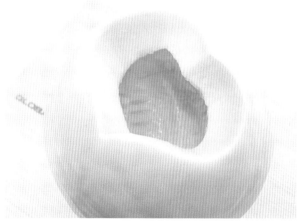

處理瓜瓤部位。利用挖球器，將種子刮乾淨。

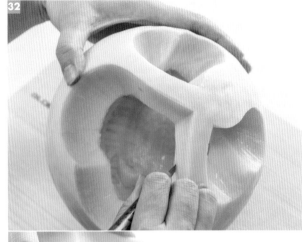

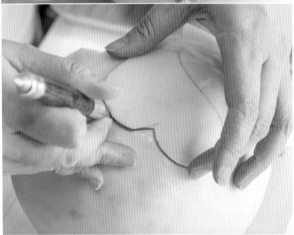

削切調整邊緣。把果肉部位與種子的纖維等部位都處理乾淨吧！

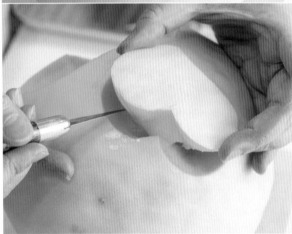

邊考量整體協調美感，邊完成2個小巧心形部位。先描畫形狀，再以雕刻刀切下各部位。

HONEYDEW MELON SWAN
天鵝造型光皮洋香瓜切雕

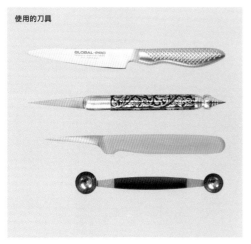

使用的刀具

使用 GLOBAL 製刃長 11 cm 小刀（GP-11）、雕刻刀 2 種、挖球器。

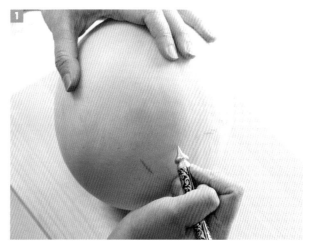

切雕前，先以雕刻刀柄部尾端等硬物描畫草稿。以瓜體正中央的下方部位為容器。設計成天鵝側著頭的造型，因此以瓜體正中央部位為天鵝的臉部。

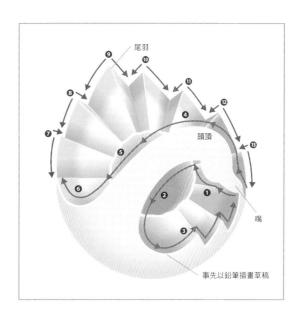

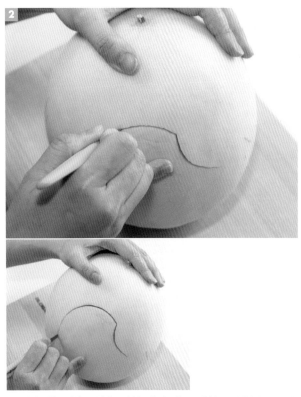

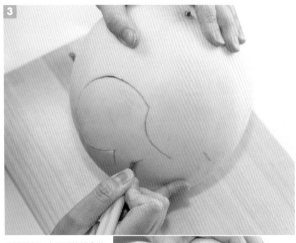

左手確實地扶住瓜體，以小指固定持刀的手，將刀刃垂直切入瓜體中心。刀刃切入至瓜體內側長著種子的空洞後，沿著描畫的線條依序切雕。從天鵝頭部開始切雕吧！光皮洋香瓜的果肉很厚，使用刀長4、5 cm的刀具時，刀刃會幾乎整個深入果肉中。繼續從頭部下方開始，朝著羽毛根部方向切雕。

切雕頸部下方羽毛的鋸齒狀部分。完成2個鋸齒狀部分後，直接連結頭部。位於頭部下方和羽毛之間的空洞部位，之後才會拔除。

先將之後要拔除的所有部位描線連結，再連結嘴尖部位，開始切雕頭部的相反側。從頭部後側開始，朝著羽毛根部依序切雕。

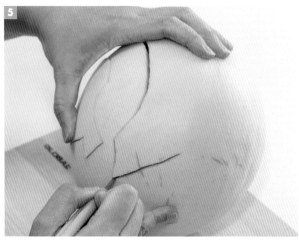

左手確實地扶住瓜體，以無名指固定持刀的手，從頸部的基部開始，朝著右側，繼續完成羽毛部分的切雕作業。

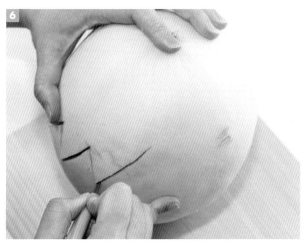

依序切雕成鋸齒狀。若切雕成均一的三角錐形，會感覺像機器雕刻，因此越往後方要越雕越大，姿態才比較漂亮。連結羽毛部分至頸部正後方，再繼續往相反側切雕。

從頸部左側的基部開始，依序連結三角錐形切口。讓從左右開始切雕的三角錐形鋸齒狀部位會合。以上作業都是在刀尖朝著中央的狀態下進行。

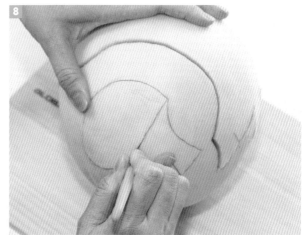

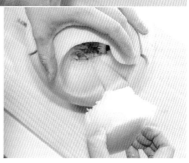

瓜體空洞內緊緊地附著著種子周邊的纖維，切雕後還是很難取下果肉。因此，分切成好幾部分後才取下。處理頸部下方的空洞部位時必須格外小心。將手指伸入空隙，慢慢地取下果肉，即可避免瓜體破裂，順利地取下果肉。

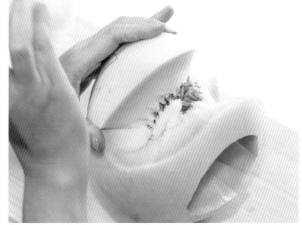

其他部分也一樣，分切成幾部分後依序取下果肉。上半部要保留頭部與頸部的部分，再分別取下所有的果肉。

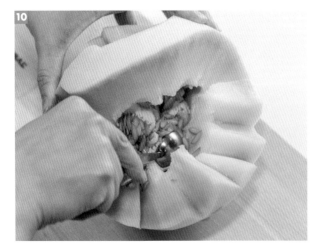

利用挖球器，挖出種子部分，將瓜體內確實地清理乾淨。

修整頸部、頭部、
嘴等部位。刀刃朝
著中央，避免一口
氣完成修整，像是
在削切表皮，慢慢
地削切調整。

將臉部修整得更細膩。一開始就切雕得很細膩的話，可能因為過度切雕而無法順利地完成作品。處理至這個階段後，才以削切斷面的感覺下刀，依序修整出漂亮姿態。

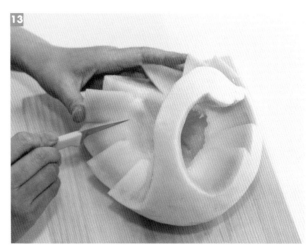

修整尾羽部分後即完成。

HONEYDEW MELON BASKET
提籃造型光皮洋香瓜切雕

創作果雕作品時，建議挑選表皮還是綠色的光皮洋香瓜。表皮轉變成黃色後就太成熟，雕刻過程中易崩裂。

使用的刀具

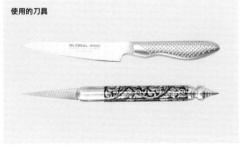

使用GLOBAL製刃長11cm小刀（GP-11）、雕刻刀。

1

在蒂頭部位到花朵掉落的位置（以下稱臍部），以遮蔽膠帶黏貼一整圈。膠帶上方部位切雕提籃的提把。

2

找出可以穩穩地擺放瓜體的位置後決定頂點。以雕刻刀柄部或竹籤等作記號。於頂點部位雕刻玫瑰花。

3

分別於頂點左右等距處黏貼遮蔽膠帶。兩條膠帶的距離就是提把的寬度。以頂點為中心，劃切直徑為提把寬度一半的圓形切口。於12點鐘、3點鐘、6點鐘、9點鐘四個位置，分別作上記號，標出劃切口的位置。

作上點狀記號
利用各點連結成圓
更容易切雕圓形

膠帶

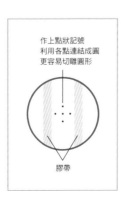

4

將中指抵在頂點部位當作圓規的軸，將雕刻刀的刀刃垂直切入5～10mm後，邊上下切雕，邊轉動瓜體，以記號處為目標劃出圓形切口。

5

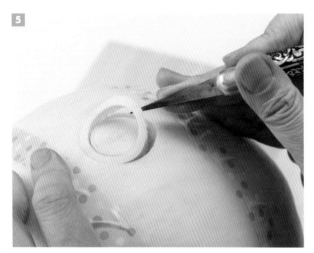

朝著垂直劃上切口的刀尖，將刀刃斜斜地切入切口外側約5mm處，劃切一整圈後，切下一片環狀廢料。

6

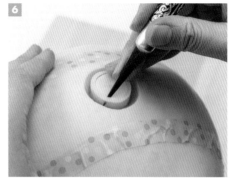

削切內側圓柱狀的稜邊，修圓調整。

7

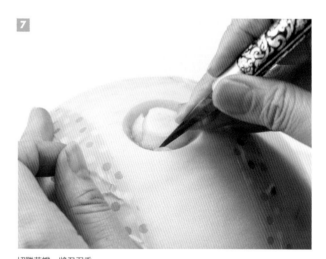

切雕花瓣。將刀刃垂直切入內側圓柱狀邊緣（右圖中刀①）後，在切口內側的部分，朝垂直入刀的刀尖方向去改變角度，斜切入刀（右圖中刀②），切除廢料，預留切雕花瓣部分以呈現浮雕狀態。

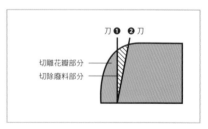

刀❶ ❷刀

切雕花瓣部分
切除廢料部分

8

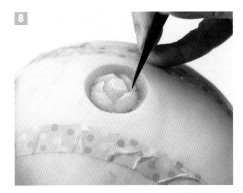

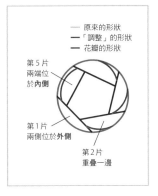

- ── 原來的形狀
- ── 「調整」的形狀
- ── 花瓣的形狀

第5片
兩端位
於**內側**

第1片
兩側位於**外側**

第2片
重疊一邊

重疊第1片花瓣，從花瓣內側垂直劃上切口後，改變角度，將刀尖斜斜地切入後，切除廢料，使構成花瓣的部分呈現浮雕狀態。削薄花瓣重疊部位，調整得更像花瓣。

9

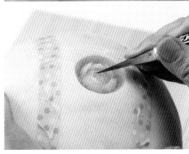

切雕一整圈，完成5片花瓣後，切雕中央部分，降低高度後修圓調整。

10

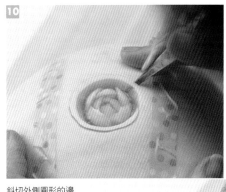

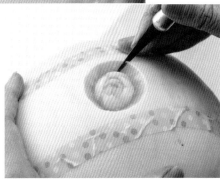

斜切外側圓形的邊緣，擴大圓形的範圍。

11

12

擴大外側圓形範圍後所形成的面，就是接下來要切雕花瓣的表面。刀刃沿著表面切雕成花瓣形狀。刀尖朝著圓形的正下方。

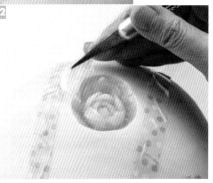

臥倒刀刃，將刀尖抵在花瓣背面似地切除廢料，花瓣即呈現浮雕狀態。

斜斜地劃上切口，讓花瓣呈現重疊狀態後，臥倒刀刃，再斜斜地劃上切口，切除廢料，切雕花瓣部位就會呈現浮雕狀態。

14

外側的5片花瓣都處理成浮雕狀態。

15

覺得不方便切雕時，可撕掉遮蔽膠帶。

16

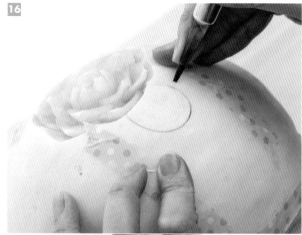

玫瑰花旁浮雕一個圓形（稍微有缺口）。相對於瓜體，將刀刃垂直切入，深度為5mm～10mm，然後邊轉動瓜體，邊上下切雕。朝著刀尖，將刀刃從圓形外側約5mm處斜斜地切入後，把圓形部分處理成浮雕狀態。

17

中央為玫瑰花，以相同要領於相反側浮雕另一個圓形。

18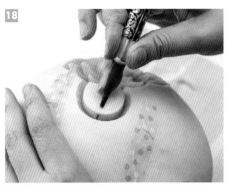

如同步驟⑥，削切內側圓柱狀部位
的稜邊後修圓。兩側的圓形都以相同
要領修圓調整。

19

以步驟⑦的要領劃上切口，使花瓣呈現浮雕狀態。

20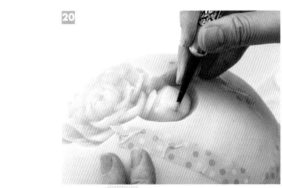

從浮雕狀態的花瓣邊緣內側，往第1
片花瓣垂直劃上切口後，改變角度，
將刀尖斜斜地切入後，切除廢料。將
第2片花瓣處理成浮雕狀態，與第1
片花瓣重疊。

21

如同步驟⑧圖中
所示，浮雕4片花
瓣後，內側的花
瓣也處理成浮雕狀
態。外側的花瓣也
處理成浮雕狀態。

22

從中央的玫瑰花下方開始切雕，使兩側玫瑰花的形狀越來越清晰。巧妙地隱藏了
玫瑰花的銜接處。

23

先浮雕中央的主要葉脈。葉脈尖峭，可採用壓切方式。瓜體表面亦可先描畫草稿後再切雕。

24

將葉脈切雕成左右不對稱，形成略彎曲線，感覺更生動。

25

將葉片輪廓部分的∨形廢料切除。

26

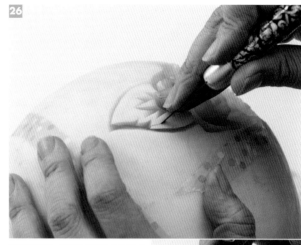

從葉尾開始，將葉片外側依序切雕成鋸齒狀。邊轉動瓜體，更方便切雕。

27

以填補空間的感覺配置葉脈。

於花瓣、葉片周圍
修出平緩角度。

沿著膠帶，同樣地劃上切口。留下切
雕提把的部位，慎重地切除廢料。

刀尖維持著朝向中央正下方的狀態，將刀刃切入花朵周圍，深達種子部位後，邊
切雕，邊切除廢料。

另一側也以步驟㉙
的要領切除廢料。

換拿小刀,以刀尖一點一點地刮除,以清除種子。再以挖球器修整瓜體內部。

另一側也以步驟㉝的要領切雕造型。

於三角錐形部位劃上切口。避免露出蒂頭與臍部,邊切除,邊切雕成鋸齒狀。

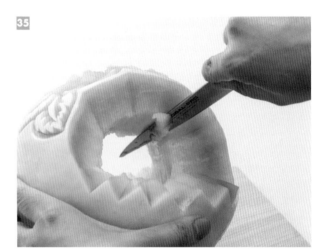

以小刀修整提把與籃子的內側部位。

QUINCY-MELON FLOWER BALL
花球造型昆西洋香瓜切雕

使用紅肉類型的昆西洋香瓜，形成的漸層效果會更漂亮。儘量淺雕，避免切到果肉，切掉下半部後盛盤，強調「可食用」的特徵。

使用的刀具

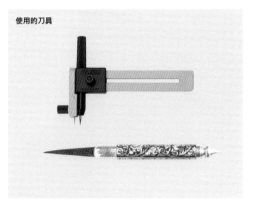

使用圓規刀、雕刻刀。

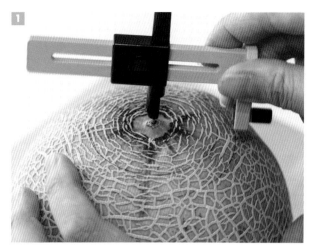

以蒂頭部位為軸，利用圓規刀劃切線條，劃上一整圈。以正上方俯瞰瓜體時直徑為0.9，兩端為1的比例（圖中Ⓐ與Ⓒ為等距）劃切圓形。

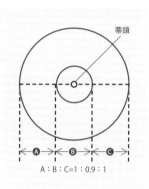

A：B：C=1：0.9：1

雕刻刀的刀尖垂直切入圓規刀劃切的線條，深約1.5mm。以小指當作圓規的軸，將刀刃切入9點鐘位置後，往6點鐘方向，邊上下切雕，邊以左手轉動瓜體，劃切一整圈。因為劃切過程中轉動瓜體，因此刀刃一直維持在9點鐘位置。

3

從圓形外側約5mm處下刀劃上切口。朝著最初劃切圓形部位的刀尖位置，將雕刻刀斜斜地切入。由3點鐘位置，朝著6點鐘位置，邊用刀子上下切雕，邊轉動瓜體，持續進行至切除一片環狀廢料。由於切雕過程中轉動瓜體，因此刀子一直維持在3點鐘位置。

4

以小刀削切蒂頭周邊的表皮。先切除內圓部位的環狀廢料，再削切剩下部分，依序削成圓弧狀。

5

距離圓形外側約1 cm處，將刀尖從瓜體中央微微地朝下切入。刀尖於切除廢料的圓形下方部位會合。切雕一整圈後，切除一片環狀廢料。

6

針對因空間擴大而容易入刀的位置，繼續削切內側邊緣，將該部位削得更圓潤。

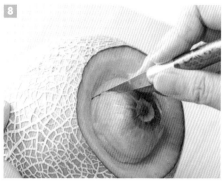

分成16等分後切
溝。依序切除廢
料，切出淺淺的V
形溝。

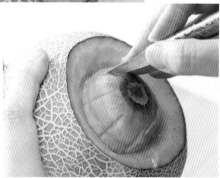

依序削尖花瓣。於溝的尖端部位分別從左、右描畫線條後，劃上V形切口。刀尖
分別朝向內側。

削切外圍部分後，內側依
序修圓調整。重複3、4次
即可調整成漂亮圓形。最
後，削除蒂頭部位。

切除花瓣背面的廢料，使花瓣呈現浮雕狀態。以相同要領完成 16 片花瓣。刀尖微微地朝向外側。

削切中央部分後調整表面。

於外側花瓣之間的部位，依序切雕花瓣。立起刀刃後劃上切口，再臥倒刀刃切除背面的廢料，即可將花瓣處理成浮雕狀態。以相同要領完成 16 片花瓣。

13

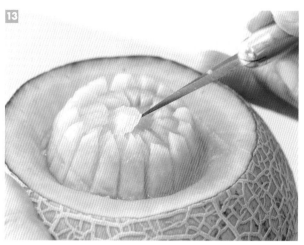

削切中央部分後調整表面。以相同要領完成第 2 層花瓣後,切雕第 3 層。空間將會越來越小,所以只使用刀尖部位淺淺地入刀,依序完成小巧花瓣。

14

最後,切雕至花心部位。在最後的階段,會因空間過於狹窄而無法切雕 16 片花瓣,必須配合整體氛圍,調整花瓣數。不需要執著於花瓣數,雕刻成漂亮三角形更重要。

15

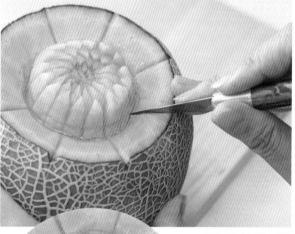

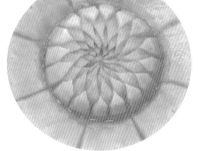

外圍切雕 8 片花瓣。削切外側,分成 8 等分,切雕 V 形溝呈放射狀。切雕前先決定正中央位置,才能完成漂亮的雕刻造型。

16

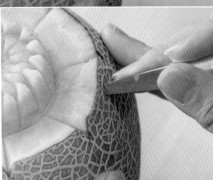

將邊緣部分切成三角錐形。從溝邊緣的V形溝開始，朝著溝與溝之間的部位，將刀刃臥倒後切入，只有表皮部分深切，果實部分則朝著下方淺淺地劃上切口。

17

切雕至正中央時，以拇指與食指扭轉刀柄，直接往下劃出切口。另一側也以相同要領，劃上切口後拔出刀子。

18

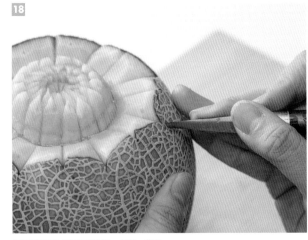

8個位置都以相同要領切雕，切雕一整圈。

19

稍微削切邊緣部分，利用表皮厚度以形成角度，擴大漸層效果。果肉部分維持原貌，擴大綠色部分。以相同要領完成8個部分。

20

立起刀刃，從溝的基部側切入。朝著先前在邊緣側劃切口的稍微下方處，邊臥倒刀刃，邊慢慢地劃上切口。

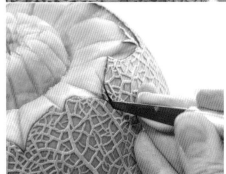

21

切雕至正中央後，直接往下劃切。

22

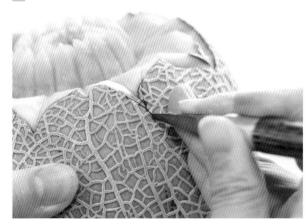

另一側也以相同要領劃上切口後，與先前劃切口部位的尾端會合。

23

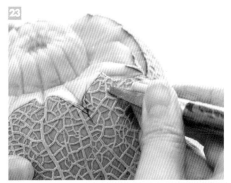

切除花瓣下方的廢料，使花瓣呈現浮雕狀態。重疊先前劃切口的刀尖似地，將刀刃由表皮側切入後，切除廢料。以相同要領切雕另一側。瓜體朝向外側傾斜會更方便切雕。

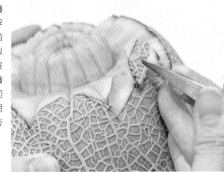

24

花瓣尾端部分留下些許表皮。以相同要領完成8片花瓣。

25

削平花瓣之間的凸
出部位。

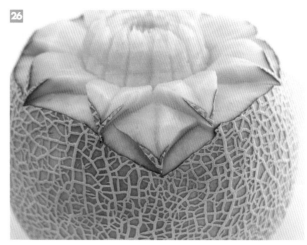

26

依序切雕第2層花瓣。於花瓣與花瓣之間的部位,切雕第2層花瓣,切除下方的
廢料,使花瓣呈現浮雕狀態。

27

以相同要領完成8片花瓣。第2層花瓣要大於第1層花瓣。

28

切雕第3層花瓣。於第2層花瓣與花瓣之間的部位,切雕第3層花瓣。花瓣尾端
重疊於第1層花瓣尖端與中心線上。切除底下的廢料,使花瓣呈現浮雕狀態。

29

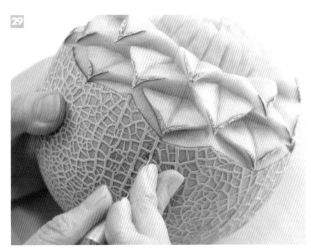

從第3層花瓣的尾端開始，朝著正下方，削除表皮約1cm。

30

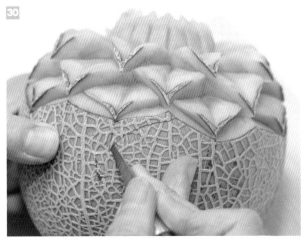

從第2層花瓣尾端下方開始，往下劃切長約5mm的切口。刀尖與切除花瓣背面廢料時的刀尖重疊。描繪出和花瓣相同的圓弧狀後，與先前的切口尾端會合。

31

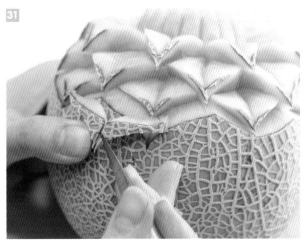

另一側也以相同要領劃上切口後，切除廢料。

32

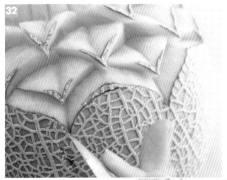

削切圓弧狀部位中心的尖峭部分，削出漂亮圓弧。

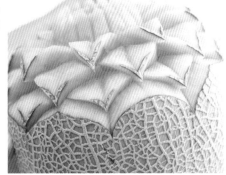

33

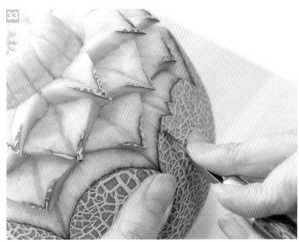

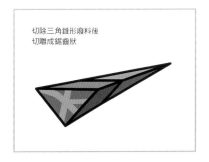

切除三角錐形廢料後切雕成鋸齒狀

邊緣部分切除三角錐形廢料後，切雕鋸齒狀造型。若從端部開始切雕造型，會不容易切成左右對稱的狀態，因此由正中央開始切雕。活用圓弧狀邊緣部位，進行最後修飾。以相同要領完成8個部位。

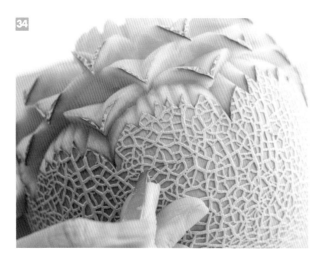

34

使圓弧狀的下方部
位，配合瓜體直徑
最大的邊緣部位，
橫向劃上切口。

35

刀刃朝著下方，從
切口上方部位切入
後，劃上圓弧狀切
口。刀尖與先前劃
切口的刀尖部位會
合後，切除廢料。

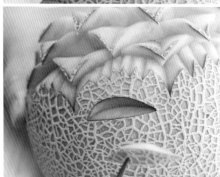

切開8個孔，調整
成相同大小。一開
始將孔洞雕小一
點，之後更容易調
整成相同大小。

WATERMELON ROSE
玫瑰花造型西瓜切雕

買回西瓜後，先置於室溫下，等表皮乾燥一點才切雕，比較不容易破裂。買回後立即切雕，有時候容易破裂。此外，紅小玉西瓜表皮較薄，不適合用於切雕造型。

使用的刀具

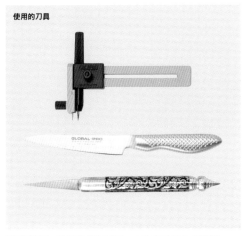

使用圓規刀、GLOBAL製刃長11cm小刀（GP-11）、雕刻刀。

1

以蒂頭部位為中心，利用圓規刀劃切線條，劃切一整圈。以正上方俯瞰瓜體時，圓形直徑會與兩側為等長的比例（圖中Ⓐ、Ⓑ、Ⓒ等長）劃切圓形。

由正上方俯瞰瓜體時以Ⓐ：Ⓑ：Ⓒ＝1：1：1比例劃切圓形。

蒂頭

2

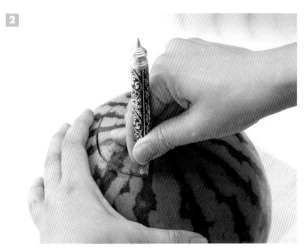

以圓規刀劃切線條後，將雕刻刀的刀刃垂直切入線條處約4cm。把小指當作圓規的針，將刀刃切入9點鐘部位後，朝著6點鐘方向，邊上下切雕，邊轉動瓜體。由於切雕過程中轉動瓜體，因此刀子一直維持在9點鐘位置。

3

劃切一整圈後，於圓形外側1cm處劃上切口。朝著最初劃切圓形部位時的刀尖位置，將雕刻刀斜斜地切入。由3點鐘位置，朝著6點鐘位置，邊上下切雕，邊轉動瓜體，切除一片環狀廢料。由於切雕過程中轉動瓜體，因此刀子一直維持在3點鐘位置。

4

以小刀削切蒂頭周邊的表皮。以削鉛筆的要領削去表皮，只留下白色部分。

5

少量多次地削除白色部分的稜邊角，再修圓。

6

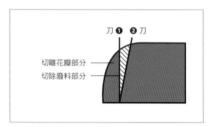

切雕花瓣。刀刃垂直切入白色部分的邊緣（下圖①）後，從切口內側的部分，朝垂直切入的刀尖去大幅改變角度，斜切入刀（下圖②）後切除廢料。保留切雕花瓣的部位，就會呈現出浮雕狀態。

7

於切雕第1片花瓣而呈現凹凸不平狀態的圓形部位，削除稜邊，修圓調整後，開始切雕下一片花瓣。從花瓣內側垂直劃上切口，大幅改變角度後斜切入刀，切除廢料，讓邊緣重疊著步驟⑥，使花瓣呈現浮雕狀態。將花瓣邊緣重疊部分削薄修整，看起來更像花瓣。

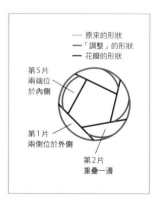

8

切雕一整圈後，修圓調整中央的白色部分。削切至
幾乎看不出白色部分為止。

9

以相同要領繼續於內側切雕花瓣。完成第1層的5片
花瓣。內側花瓣切雕成平貼（閉合）狀態。內側花
瓣切雕成略呈圓形，並切雕一整圈。

10

繼續於內側切雕一整圈，完成3片花瓣。花瓣中央削尖，看起來像花苞。

11

削除表皮厚度部分，修出平緩角度。擴大白色部分的寬度。

12

劃上切口，使表皮白色的部分帶有花瓣的輪廓。改變角度後，切除下側（背面）
的廢料，完成浮雕狀態的花瓣。

13

劃上切口，使下一片花瓣的邊緣，正好位於花瓣邊緣重疊其他花瓣的位置，並切
雕一整圈。

將花瓣下方表皮部分的角度修得更平緩。

修平表皮部分。

將表皮部分切雕成鋸齒
狀。切成三角錐形,邊切
除廢料,邊切雕一整圈。

把第3層花瓣刻意切雕成不同形狀。以這種方式切
雕花瓣,即可完成表情更豐富的花朵。而且,改變
花瓣形狀而與其他部分不一樣,完成的花朵更生動
活潑。

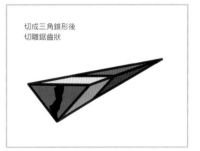

切成三角錐形後
切雕鋸齒狀

WATERMELON TRIANGLE PATTERNS
三角花瓣造型西瓜切雕

以西瓜切雕造型時，通常只會想到將西瓜切雕成一幅畫。這次的作品係以用於盛盤為重點考量，完成方便分取享用的變化作法。由正中央開始切雕，只切雕上半部，因此亦可對切成兩半後享用。

使用的刀具

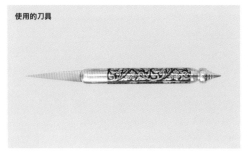

使用雕刻刀。

1

於瓜體直徑最大的正中央部位黏貼膠帶等當作記號。

2

從膠帶部位的上方開始，朝著蒂頭，以雕刻刀柄部尾端描畫線條。描畫四等分的線條後，繼續於每一等分的二分之一處畫線，描畫成八等分的線條。畫線作記號是為了避免切雕時因為西瓜表面的紋路而看得眼花撩亂。

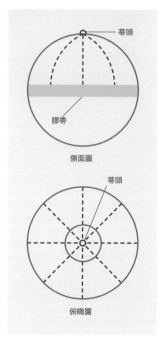

蒂頭

膠帶

側面圖

蒂頭

俯瞰圖

3

切雕葉片形狀。由作記號的線與膠帶的交叉點開始，相對於表皮，將刀刃垂直切入後，分別切雕至深達果肉部位，且劃出略呈圓弧狀的線條。接著以相同要領，由相鄰的點開始畫線後會合。

4

瞄準先前畫線的刀尖位置，改變角度後，將刀刃斜斜地切入，畫線後切下一條V形廢料。相鄰的線也以相同要領切雕。8個部位都以相同要領完成切雕。

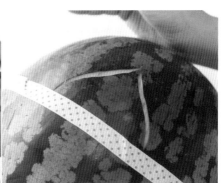

5

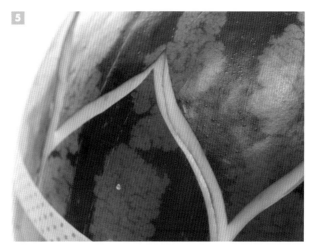

切雕畫線處後，紅色果肉若隱若現的漂亮造型。切雕成略呈S形，感覺更柔美。

6

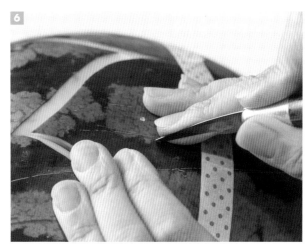

切雕葉脈。稍微偏向右側，將刀刃垂直切入中心後，劃上切口。

7

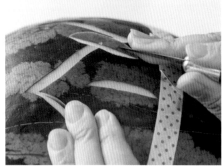

將刀刃斜斜地臥倒，瞄準先前劃上切口的刀尖位置，邊形成
圓弧狀，邊描畫線條後，切除廢料。

8

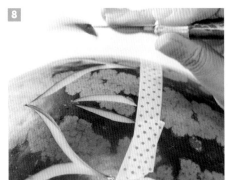

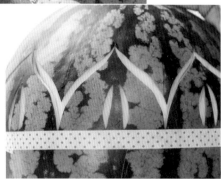

以相同要領於左右對稱位置切雕溝狀部位。希望於左右描畫
相同形狀的線條時，調轉西瓜上下，處理起來更方便。8個
部位都以相同要領完成切雕。

9

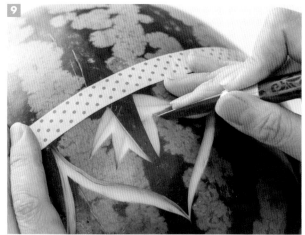

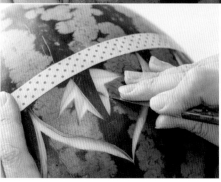

沿著先前劃切的縱向線條，切雕纖細的葉脈。刀刃從兩個方
向斜斜地切入後，於中央會合，切成三角錐形。完成葉脈基
部較粗，尾端較淺的狀態。三角錐形廢料部分則是下方較
大，上方較小。切雕上方的三角錐形部位時，先切除前方三
角錐形的稜邊，即可完成雕工更精巧的造型。

將葉片邊緣部位切成三角錐形後，切雕鋸齒狀。刀刃切入時，先切除稜邊，再以拇指與食指微微地扭轉刀柄，切雕成微彎的圓弧狀，即可雕出柔美表情。8個部分皆以相同要領完成切雕。

切雕花瓣。將葉片之間部位的表皮，削切成大約葉片的一半高度。8個部分都削切成相同高度，因此，以刀刃長度測量就能完成均一高度。

削掉邊緣的稜邊角，削出圓弧度。

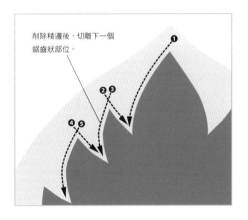

削除稜邊後，切雕下一個鋸齒狀部位。

像是以刀尖切入至先前劃切切口的刀尖部位,改變角度,從後方切入後,切除廢料,使花瓣呈現浮雕狀態。以相同要領完成8個部位的花瓣。

切雕第2層花瓣。將表皮削切至略低於葉片頂點的部位。

切雕至稍微超出表皮的位置,邊立起刀刃,邊削切,以拇指與無名指稍微扭轉刀柄,邊切雕圓弧狀,邊切除廢料。另一側也以相同要領劃上切口,微微地切入表皮後會合。

於第1層花瓣的延長線上,依序切雕第2片花瓣。頂點部位保留果皮。

相鄰部位也一樣，於第1層花瓣的延長線上切雕花瓣。一次切雕2個部分，切除背後的廢料，即完成浮雕狀態的花瓣。

以相同要領完成8個部位，共切雕24片花瓣。

修整表面，完成第3層花瓣。

在基底上漸漸地形成角度，而必須臥倒刀刃進行切雕。以左手轉動西瓜，微微地傾斜瓜體，更方便切雕。

21

切雕至一定程度後，一起進行修整，即可早一點完成漂亮的造型。削掉三角的尖端部分等，削出紅色果肉，看起來更漂亮。

22

依序切雕花瓣至蒂頭部位。切雕層數因西瓜大小而定，花瓣越大雖然會越快完成造型，但容易顯得比較單調，因此建議切雕花瓣大小適中的造型。這次的作品總共切雕13層花瓣。

23

邊以左手改變西瓜角度，邊繼續切雕。越往上切雕，角度越小。花瓣切雕得越淺，形狀也越小。漸漸地削出果肉部分，雕出顏色後，即呈現出漂亮的漸層效果。

24

切除蒂頭部位，依序切雕花瓣至中心部位為止。雖然刀刃是淺淺地切入，但由於果肉部分比較不容易切雕，因此，至頂端為止都必須確實地劃上切口。

切雕中心部位時，需著重氛
圍，而非花瓣數。

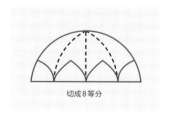

切成8等分

誠如P.23介紹的盛盤實
例，從黏貼遮蔽膠帶的位
置，將西瓜切成兩半後，
切雕造型的面朝上，再分
切成8等分後盛盤，更容
易分食。

WATERMELON WAVE
波浪造型西瓜切雕

西瓜表面切雕波浪狀造型。活用表皮的綠色、皮下的白色、果肉的紅色等部位，將波浪狀造型表現得非常生動。

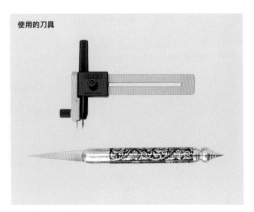

使用圓規刀、雕刻刀。

1

以蒂頭部位為中心。將圓規刀的軸插在蒂頭上，利用圓規刀劃切線條，劃上一整圈。以正上方俯瞰瓜體時，圓形直徑略小於兩側距離的比例，決定圓規刀的兩腳距離。

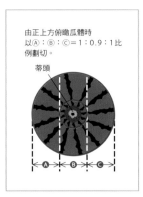

由正上方俯瞰瓜體時以Ⓐ：Ⓑ：Ⓒ＝1：0.9：1比例劃切。

蒂頭

Ⓐ　Ⓑ　Ⓒ

2

換拿雕刻刀，將刀刃垂直切入圓規刀劃切的線條。刀尖切入約4cm，深度大於表皮厚度，邊上下移動刀刃，邊進行切雕作業。

3

如P.74「玫瑰花造型西瓜切雕」的步驟③，朝著最初劃切
圓形部位時的刀尖位置，將雕刻刀斜斜地切入。由3點鐘位
置，朝著6點鐘位置繼續切雕。刀尖始終朝著圓形的中心。
切雕過程中轉動西瓜，因此刀子一直維持在3點鐘位置。

4

刀尖朝著蒂頭下
方，切入步驟③
劃切口的圓形部位
外側7mm處後，切
下一片環狀廢料。

5

削除蒂頭周圍的圓
柱狀部位的稜邊
後，修圓調整形
狀。

6

於蒂頭周圍的側面部位縱向劃切V形切口。分成16等分,以相同間隔劃上V形切口。傾斜瓜體,看清楚整個切雕部位,筆直地劃上切口。

7

V形切口之間部位劃上切口,以便三角形部位呈現浮雕狀態。

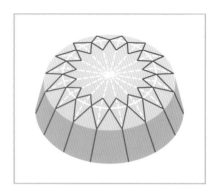

8

分成16等分的V形切口之間,如同步驟⑦浮雕三角形,然後臥倒刀刃,削掉蒂頭周圍的表皮,進行修圓調整。

9

第1圈的三角形之間部位,依序完成浮雕狀態的三角形。三角形尖端保留些許綠色表皮,以營造畫龍點睛的效果。

於所有的三角形之間部位，浮雕三角形後，如同步驟⑧，臥倒刀刃，削切蒂頭周邊部位，進行修圓調整。過程中傾斜西瓜去轉動瓜體，更方便切雕。

繼續於三角形與三角形之間部位浮雕三角形。

修圓調整後，繼續於三角形與三角形之間部位，完成浮雕狀態的三角形。越靠近蒂頭部位，三角形越雕越小。

切雕一整圈後，再次臥倒刀刃，削切蒂頭周圍，降低高度，修圓調整形狀。

14

重複相同動作，切雕至中心附近為止。切雕的花瓣層數，會因西瓜大小而不同。當然，切雕的花瓣大小也不一樣。

15

切雕一整圈後，削低中央部分。不需在意V形部位的數量多寡，劃上切口後，配合氛圍進行調整。

16

於外側表皮劃上V形切口。刀尖維持朝著西瓜蒂頭正下方的線上切雕，整齊地劃上V形切口。

分成16等分，切雕成放射狀。

① 為刀刃切出的狀
態下，以手指扭轉刀
柄，劃切成圓弧狀。
② 為削除稜邊，修圓
調整。連結 ① 與 ②
的部分修成平緩弧
度，完成漂亮曲線。

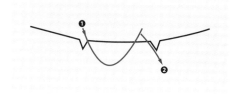

Ｖ形之間部位切雕16
個相同形狀的曲線。

刀尖朝下，配合表面的曲線，以手指扭
轉刀柄，邊描繪曲線，邊切雕背面。

臥倒刀刃後劃上切口。保留些許表皮，將刀刃切入至稍微
露出果肉，將波浪狀部位處理成浮雕狀態。

20

削平波浪狀與波浪狀之間部位後，調整形狀。

21

波浪狀與波浪狀之間部位削深一點，微調處理成波濤洶湧的波形。

22

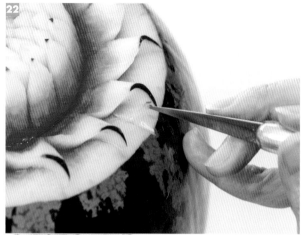

於波浪狀與波浪狀之間部位，依序劃切V形切口。

23

於V形與V形之間部位，如圖劃切曲線狀切口。

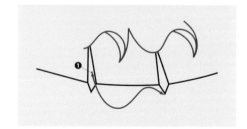

下圖①為刀尖朝下切雕。②為臥倒刀尖後，微微地朝上切雕，更容易連結①。

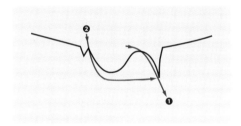

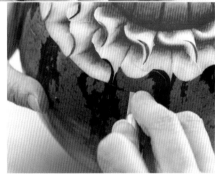

以相同要領劃切口，繞行一整圈。

波浪狀與波浪狀之間部位,如同步驟⑳進行調整,接著如同步驟㉒,於波浪狀之間部位劃上∨形切口,然後如同步驟㉓,將該∨形與∨形切口之間部位劃上曲線狀切口。

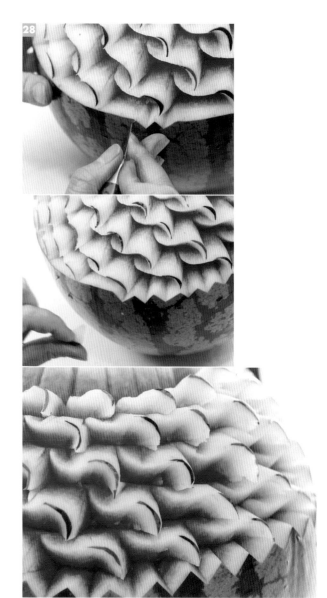

於步驟㉗的∨形部位相鄰位置,劃切∨形的三角錐形切口,連接後即完成切雕造型。

切雕波浪狀造型至西瓜直徑最大的部位後,修平調整。波浪狀下方部位劃切成∨形的三角錐形切口,以形成浮雕狀態。將刀尖朝著西瓜中心,切除廢料。切下三角錐形狀的廢料。

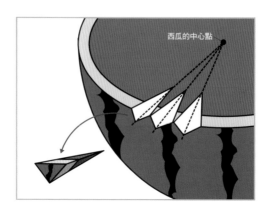

WATERMELON PLACARD
標示牌造型西瓜切雕

西瓜除可切雕成各種造型外,還可利用表皮的深綠色與皮下白色部分的色彩對比,於瓜體表面浮雕文字、人名或祝賀詞等裝飾。浮雕人名後,以P.37介紹的要領切雕花朵,即可完成更賞心悅目的派對宴客擺飾。

使用的刀具

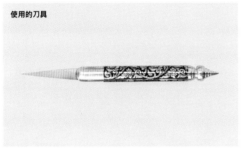

使用雕刻刀。

1

表皮的黑色紋路

以筆尖等硬物於西瓜表皮上描畫字體形狀,然後保留該部位,削掉周圍的綠色表皮。此實例將文字中的第一個字母F與A周邊部位深雕,切雕至可看見白色表皮底下的紅色果肉。將其中一部分切雕至看得見紅色果肉,即可確認表皮的厚度。

2

立起雕刻刀的刀刃,切入白色表皮的空白部分,劃上圓形切口。劃切深度為隱約看見底下的紅色果肉。刀刃從外側斜斜地切入後,切下一片廢料。

3

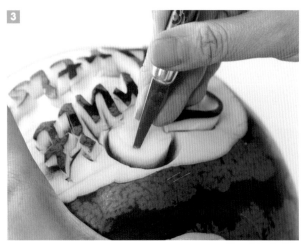

切除廢料後，形成圓柱狀，削除稜邊後修圓。依序削切至適合切雕玫瑰花瓣的狀態。

4

削切的方法如同P.38。但需避免留下太多白色表皮的部分。

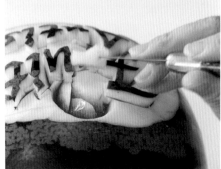

5

削尖玫瑰花的中央部分，切雕成玫瑰花苞的形狀。

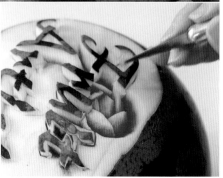

6

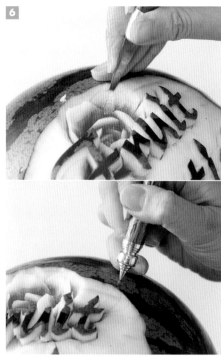

依序切雕成文字旁開出玫瑰花的狀態。

7

切雕外側的玫瑰花後，連接兩旁似地，依序完成玫瑰花。

8

第一行與第二行文字之間的白色部分，也不留空隙地雕滿玫瑰花。完成後，相鄰
位置也切雕。重複以上步驟，就能擴大範圍，切雕成文字浮在花束上的獨特造
型。

變化雕法

P.95的「標示牌造型西瓜切雕」變化雕法。

陳列用實例。形似玫瑰花束上擺著
祝賀牌。亦可切雕長長的祝賀語。

製作／石井麻美

以線條圈起浮雕文字部位的切雕
實例。線條周邊切雕玫瑰花。文
字清楚地浮出，更容易傳達祝賀
心意。P.21的「心形花朵造型西
瓜切雕」也一樣，利用表皮浮雕
線條構成心形後，於心形範圍內
依序切雕玫瑰花的花束。

WATERMELON PORTRAIT
雕像造型西瓜切雕

使用的刀具

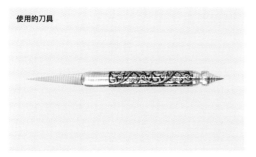

使用雕刻刀。

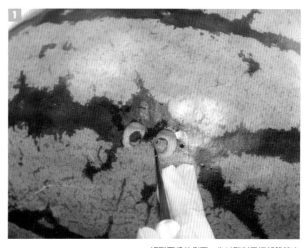

表皮的黑色紋路部分

切雕西瓜的側面。先以雕刻刀柄部等筆尖般硬物於表皮上描畫形狀。這次決定將鴨子的眼睛雕在西瓜表面有黑色條紋的部位。從眼睛部位開始切雕。使用雕刻刀，一開始淺淺地切雕，保留瞳孔部分後，切除眼白部分的果皮。

切雕線條，留下眼白周邊部位後，削掉臉部的表皮。

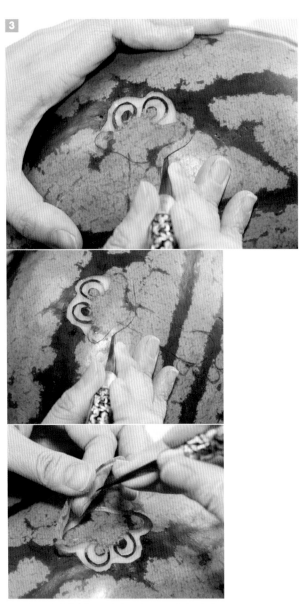

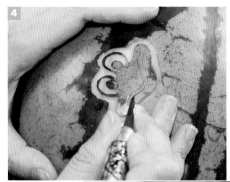

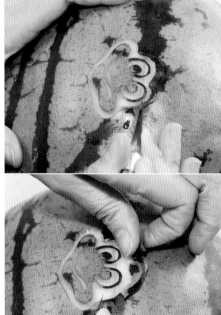

慎重地雕整個「臉部」，先淺淺地切雕，再慢慢地增加切雕深度。

在臉部下半部的輪廓部分，淺淺地劃切內側一整圈。淺淺地劃出臉部輪廓後，切除之間的表皮。

將鴨嘴部分雕成白色後，調整頭部的上半部輪廓，切除果皮露出白色。完成臉部輪廓切雕。

6

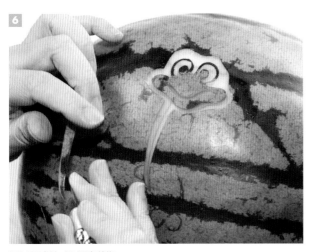

切除V形廢料，形成頸部線條。

8

於頭頂輪廓邊緣，切除深V形廢料後修整。

7

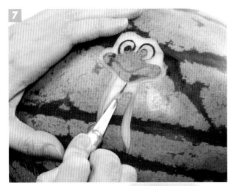

使頸部寬度的中央部位呈現隆起狀態，只在邊緣部位深雕，切雕成略圓弧度。中央部分只薄薄地削去表皮。並非整個深雕，要完成圖案清晰，但瓜體不容易破裂的切雕造型。

9

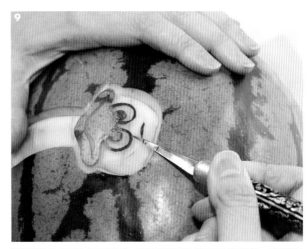

削除切雕成V形部位外側的稜邊。修整出深挖部位與平緩曲線狀部位，使整體呈現深雕效果。

10

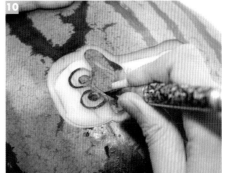

頭部的細部調整。

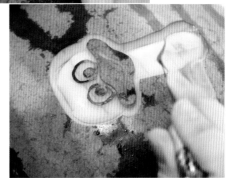

切除V形廢料

表皮部位
薄薄地削切後
中央呈現隆起狀態

11

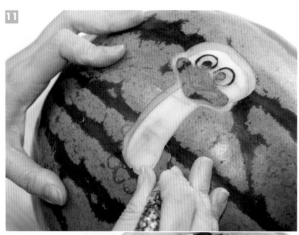

切雕頸部基部的羽毛部分。以切雕花瓣要領，留下些許表皮，以形成重點裝飾。

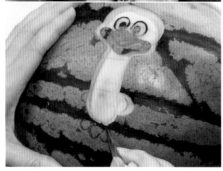

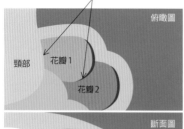

12

邊以左手轉動西瓜，邊調整出方便切雕的角度。右手位置不太需要改變，轉動西瓜就能輕鬆地完成切雕。

13

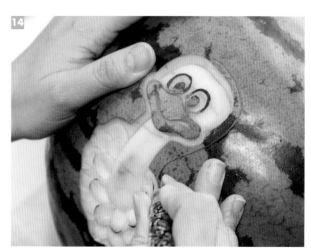

幾乎呈同心圓狀，切雕2層花瓣。

於刀尖朝著「中央一點」的狀態下，將花瓣表面切雕成圓弧狀。

俯瞰圖

頸部　　花瓣1

花瓣2

斷面圖

花瓣1　　花瓣2

斷面

「中央一點」切雕最深。將花瓣表面切雕成圓弧狀，因此花瓣邊緣比較高。

14

繼續切削輪廓周圍，完成浮雕狀態，以突顯臉部。

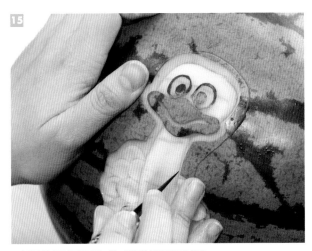

刀尖深深地切入頸部周圍一帶，慢慢地切雕出紅色果肉。

於稍微靠近輪廓的外側，將刀刃斜斜地切入後，擴大邊緣部分。

切除V形廢料，切出身體的線條，羽毛的鋸齒狀部分則切雕成三角錐形來表現。

切除V形廢料以形成尾羽。

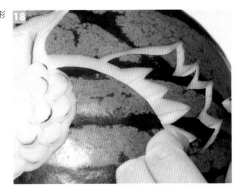

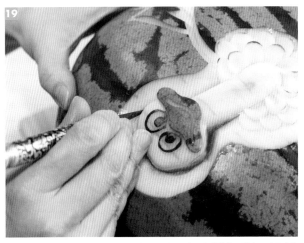

以相同要領切雕另一側後，刀尖往輪廓部分劃切深達果肉的線條，雕出西瓜果肉的紅色部分。

依序削切輪廓邊緣，擴大白色部分。

將刀刃深深地切入尾羽的尾端部位，邊形成浮雕狀態，邊雕出紅色果肉部分。

22

切除V形廢料，切出鴨腳部位的輪廓，削掉之間部位的表皮。第2隻腳也以相同要領完成切雕。

23

切除鴨腳之間部位的廢料，深雕至看見西瓜的紅色果肉。

24

刀刃從2個方向斜斜地切入圖案的外圍部分，切除三角錐形廢料。

25

外圍部分切雕大型圖案後，遠看雕像時感覺更壯觀。環繞切雕一整圈後即完成。

PINEAPPLE BUTTERFLY
蝴蝶造型鳳梨水花片

以鳳梨的表皮為容器，切除鳳梨芯部後，邊活用該形
狀，邊完成蝴蝶形狀的水花片。切除的部分可打成果汁
善加利用。

使用的刀具

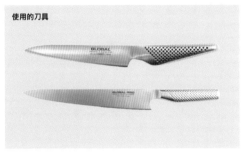

使用GLOBAL製刃長27cm牛刀（GP-13）、刃長16cm小刀（GS-4）。

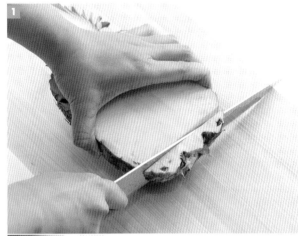

以刃長27cm的刀子，切除
鳳梨頭（果柄側）。鳳梨尾
（葉片側）質地堅硬，必須
確實地按住鳳梨才切除。

將鳳梨切成兩段，於芯部的
白色部分劃切V形切口後，
切除廢料。

劃上切口，切雕成蝴蝶觸角部位後，切除廢料。
在芯部的左右兩側都要劃出切口。

立起鳳梨，刀子與砧板平行，將刀刃切入果皮與
果肉之間。切入後，邊往前後切雕，邊與砧板維
持平行狀態，滾動鳳梨，切下果皮當作容器。

切下果皮後翻轉果肉，於果肉中央劃切V形切口後，切除廢料。

於V形切口右側，劃切2道波形切口。

翻轉果肉，另一側也劃切2道波形切口，完成蝴
蝶翅膀的下部。

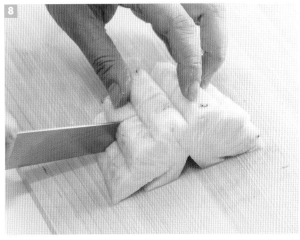

片切成容易入口的1cm左右厚度，盛入步驟④取下的表皮容器。盛入時稍微錯開鳳
梨果肉，能使蝴蝶的表情更生動。鳳梨蝴蝶也很適合搭配肉料理。

PINEAPPLE TREE
樹造型鳳梨切雕

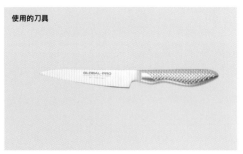

使用的刀具

使用 GLOBAL 製刃長 9 cm小刀（GS 38）。

葉片往上捲起後插入空隙間，直接固定住。

2

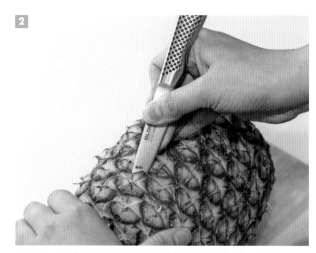

形似握筆，以手指夾握刀刃基部。沿著鳳梨表皮顆粒的邊線，將刀刃斜斜地切入，依序劃上切口。

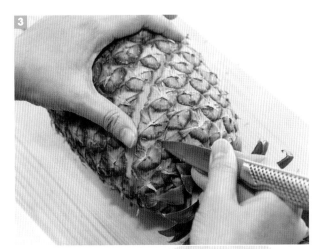

如同步驟②，隔著鳳梨表皮顆粒，將刀刃從另一側斜斜地切入，劃上V形切口後切除表皮。

劃切V形切口部位之間留下些許表皮，就能完成充滿樹木氛圍的切雕造型。如同步驟③，一直劃切口至最底下部位後，依序切除表皮。

PEAR COMPOTE CUT
糖漬西洋梨切雕

介紹提昇糖漬水果附加價值的切雕方法。糖煮處理後，取出種子的部位填入卡士達醬更美味。洋梨的枝條轉變成黑色，枝條基部微微地出現皺紋就是最美味的時候。
註：「ラフランス（La France）」為西洋梨的和製外來語。

使用的刀具

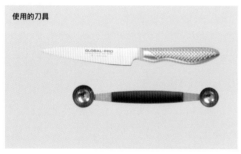

使用 GLOBAL 製刃長 11 cm 小刀（GP-11）、挖球器。

1

利用挖球器，在洋梨臍部挖一個圓孔後，慢慢地挖出裡面的種子。

2

形似握筆，以拇指與食指緊緊地夾住刀尖部位。以中指固定持刀的手，刀刃只切入 5 mm，往蒂頭部位劃上 V 形切口，繞行一整圈。

3

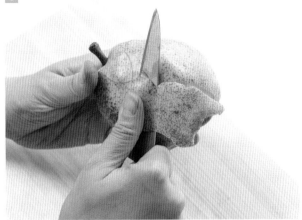

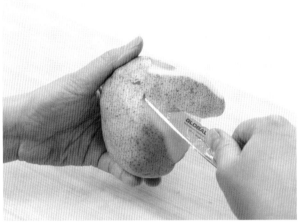

換拿小刀，由臍部往蒂頭方向削切果皮。削至切口部位時，轉動刀尖似地去貼近切口，切除果皮。

4

以相同要領由下往上削掉外皮，蒂頭部位保留果皮做成切雕裝飾。

PERSIMMON FLOWER
柿子玫瑰花

以無子柿子（persimmon）完成「花瓣」。裝飾於沙拉的中央或冰涼甜點上也賞心悅目。

使用的刀具

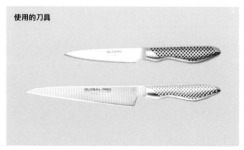

使用 GLOBAL 製刃長 9 cm 去皮刀（GS-38）、刃長 13 cm 的小刀（GP-23）。

1

連帶蒂頭縱向對切，去除蒂頭後，切除表皮。順著柿子形狀，不停地切割，就能切成表面平滑的片狀。

2

以小刀切成薄片。切至邊緣時，平放柿子，繼續切片。刀刃抵住果肉後，邊拉動刀子，邊切割，而不是採用壓切方式。

3

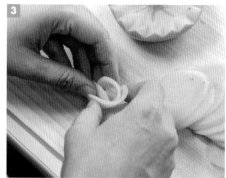

以小巧切片為花心，將切片的柿子邊錯開、邊捲繞成花朵。

4

為了使由上方俯瞰時的花瓣美觀漂亮，需邊確認捲繞情形，邊完成花瓣。

5

將切片擺在台座（這次使用對切成兩半後，切雕成漂亮造型的柿子）上，將外側的柿子片往外攤開，花瓣表情顯得更生動自然。

APPLE BUTTERFLY
蝴蝶造型蘋果水花片

使用的刀具

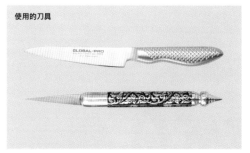

使用GLOBAL製刃長11㎝小刀（GP-11）、雕刻刀。

蘋果對切後，再對切成四分之一大小，然後切下2片厚約2㎜的薄片。

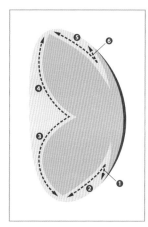

蘋果切薄片後，表皮朝著右側，擺在砧板上，由左圖①～⑥所示，依序切雕。切雕①～③時轉動蘋果更容易切雕。重新擺放後再切雕④～⑥。雕刻刀要由中央朝著外側切雕。因為若由外側朝著中央切雕，在最後部分無法處理得很明確。

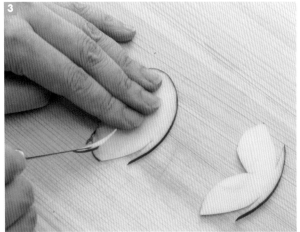

切雕一片後，以相同要領完成另一片。

將蘋果表皮部位靠在一起即構成蝴蝶形狀。左右切雕成相同形狀也很漂亮。
P.113圖中的蝴蝶造型，是將上、下翅膀切雕成相同形狀，但蘋果芯部形狀與大
小因蘋果而不同，因此蝴蝶的上、下翅膀形狀就算大小不一也無妨。

APPLE CARNATION
康乃馨造型蘋果切雕

使用富士蜜蘋果。口感「爽脆」的蘋果最適合切雕這種造型。

使用的刀具

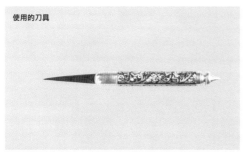

使用雕刻刀。

切雕花瓣。刀尖朝著蘋果的中心部位，形成角度後，將雕刻刀的刀刃切入蘋果。以拇指與食指扭轉刀子，在蘋果表面薄薄地切下水滴狀薄片。切口作為花瓣的表面。

2

立起刀刃後，從中央開始切雕。

3

切雕花瓣邊緣的鋸齒狀部分。立起刀刃後，淺淺地切入表面的最邊緣部位，改變角度，將刀刃切出後，以拇指與食指扭轉刀柄，邊切入刀刃、邊切雕，再次改變刀刃角度後，邊切出、邊切入，刀刃切出後，扭轉刀柄。若在刀刃切入時扭轉刀柄，就會切斷果肉，因此等刀刃切出時，才扭轉刀柄。重複以上動作，依序完成鋸齒狀切雕。

4

漸漸地臥倒刀刃。

5

切除花瓣背面的廢料，使花瓣呈現浮雕狀態。刀刃從花瓣一半位置的最邊緣切入，在大於花瓣一圈的外側劃上切口後，切除花瓣背面的廢料，花瓣即呈現浮雕狀態。

6

如同第1片花瓣，共完成6片花瓣。切雕花瓣表面時，稍微保留中心的表皮部分，留下些許紅色部分成為重點裝飾。基本上，左手拿著蘋果，緩緩地轉動蘋果，慢慢地切雕。右手不動，以左手將蘋果轉動到最方便切雕的位置後，依序完成花瓣。

7

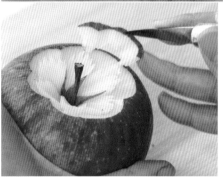

如同第1層，依序完成第2層花瓣。切雕表面部分時，邊確認刀尖，邊淺淺地下刀切雕成波浪狀，然後連同表皮一起切除廢料。完成表面的波浪狀切雕，花瓣顯得生動活潑。

8

切雕花瓣邊緣的鋸齒狀部分。立起刀子，將刀刃淺淺地切入。

改變角度將刀刃切出後，以拇指與食指扭轉刀柄，然後邊切入刀刃，邊繼續切雕。

刀刃在大於花瓣一圈的外側位置切入，切除花瓣背面部分，花瓣即呈現浮雕狀態。重複以上步驟，切雕一整層花瓣。

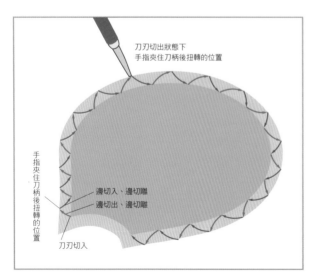

刀刃切出狀態下手指夾住刀柄後扭轉的位置

手指夾住刀柄後扭轉的位置

邊切入、邊切雕
邊切出、邊切雕

刀刃切入

以相同要領切雕第3層、第4層花瓣。剛開始切雕時立起刀刃，然後漸漸地臥倒，最後再立起刀刃，以這樣的角度切雕，即可確實地連結基座，完成花瓣薄卻又不容易碎裂的造型。越往下切雕，蘋果的圓周越大，因此完成的花瓣也越大片。第1層與第2層空隙大小差不多，但於第2層與第3層之間要加大空隙，稍微雕深一點，即可完成充滿蓬鬆感的漂亮切雕。

APPLE CANDLE STAND
蘋果燭台

使用富士蜜蘋果。質地較硬，口感「爽脆」的蘋果最適合切雕這種造型。

使用的刀具

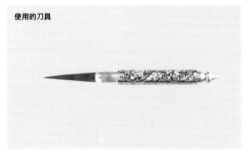

使用雕刻刀。

2

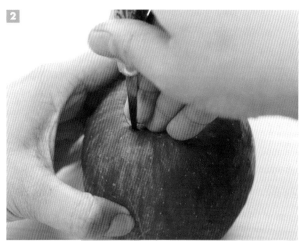

使用雕刻刀，由9點鐘位置，朝著6點鐘方向，將刀刃由逆時針方向切入後，切雕一整圈。刀刃切入深度大致基準為略高於蠟燭。

1

將蠟燭擺在蘋果的蒂頭上，沿著蠟燭底部，以雕刻刀柄部描畫線條。

3

將刀刃從小於畫線處一圈的內側部位橫向切入，切雕至一開始劃切切口的位置，劃切一整圈。取下一片已經切成環狀的廢料。

4

連同蒂頭挖出芯部。刀尖朝著中心,將刀刃斜斜地切入後,往順時針方向切雕一整圈。連同蒂頭一起切成三角錐形。

5

以色澤紅潤、表皮平滑飽滿的位置為蘋果的正面。

6

決定花朵的中心點,以雕刻刀柄部尾端描畫圓形。描畫在側面看時比例為1:1:1的位置。考量到將果雕擺在桌上後人坐在椅子上欣賞的角度,將圓形描畫在稍微偏向正中央上方的位置。

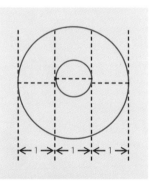

7

以左手固定蘋果的位置,讓先前畫作記號處位於正上方,將雕刻刀沿著線條切入後,依序劃上切口。相對於蘋果的表面,刀尖朝向正下方。

8

於先前切雕的圓形
稍微外側處,劃上
一整圈切口。朝著
最初切雕圓形部位
時的刀尖位置,將
雕刻刀斜斜地切
入,切雕一整圈。
切下一片環狀廢
料。

9

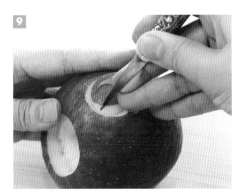

斜斜地削除稜邊。
少量多次地斜斜削
切,依序削切成半
球狀。

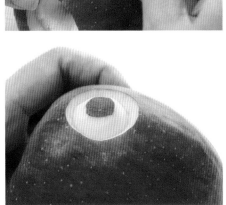

10

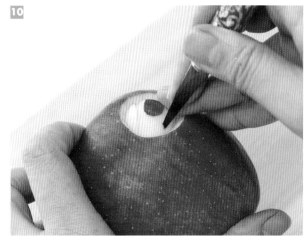

切雕5片花瓣。將雕刻
刀的刀刃垂直切入側面
白色部分的邊緣(右圖
①)後,朝著垂直切入
的刀尖,大幅改變角度
後,斜斜地切入該切口
的內側(右圖②),切
掉廢料。留下切雕花
瓣的部分,完成浮雕狀
態。

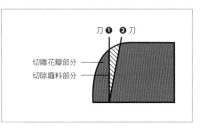

11

先前切除廢料而凹凸不平的圓形部分,確實地削掉稜邊後,調整出圓弧度。

12

重疊第1片花瓣,從花瓣內側垂直劃上切口,大幅改變角度,將刀刃斜斜地切入後,切除廢料,使花瓣部分呈現浮雕狀態。重複以上步驟,完成5片花瓣。

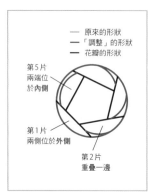

— 原來的形狀
— 「調整」的形狀
— 花瓣的形狀

第5片
兩端位
於內側

第1片
兩端位於外側

第2片
重疊一邊

13

切雕成內低外高的狀態,並將剩下的紅色果皮也切除。使前、後切雕的花瓣間隔變大,花瓣自然呈現浮雕狀態。

14

以相同要領依序切雕內側花瓣。使內側花瓣呈現平貼(閉合)狀態,若切雕太深,可能將花瓣整個切掉,因此利用刀尖淺淺地切雕,確實地拿捏切雕深度,就能完成足以讓人產生深雕錯覺的切雕效果。

15

切雕2圈後,削尖、降低中央部分,並修整形狀。感覺花心部位含苞待放。

16

將刀尖抵在花瓣外圍部位切雕，以擴大空間。

17

依序切雕外側的花瓣。於溝部位劃切U形切口後，切除廢料。此部位就是花瓣的表面。

18

立起刀刃後，從切雕成U形的右邊，切入溝部位深度的二分之一處，稍微切深一點。邊臥倒刀刃，邊慢慢地、淺淺地切入，使刀刃切入至表皮的部位。

19

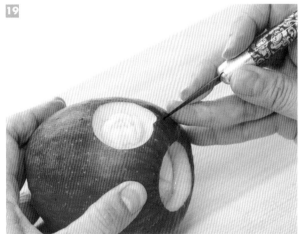

如同切雕右側，在切雕成U形的左側附近，將刀刃切入後，於表皮部位會合。

20

改變刀刃角度，將
刀刃抵在花瓣背面
似地切除廢料，使
花瓣呈現浮雕狀
態。

21

切雕第2片葉片後，從先前切雕的花瓣底下開始切雕，依序讓花瓣重疊。切雕最
後一片花瓣時，兩邊都從花瓣底下開始切雕。

22

左手斜斜地拿著蘋果，留意著花朵中心，將刀刃切入後依序完成切雕。表皮的紅
色部分從花朵中心朝著外側切雕成放射狀，切雕後依序修整形狀。花瓣數會因重
疊情形而不同，因此，切雕前不需設定，非常協調地切雕一整圈即可。

23

依序完成外側的第
2層花瓣。靠近芯
部，從空間狹窄的
部位開始切雕，比
較容易調整花瓣大
小。切雕一整圈相
同大小的花瓣。

24

切雕葉片。以花朵為中心，將葉片雕在正面看時可清楚看到的位置。充分考量這一點後，決定葉片的長度。決定中心線後，刀刃稍微切深一點。

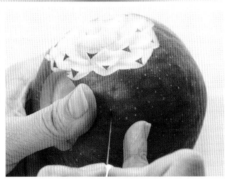

25

刀尖朝向中心線，由左右開始，朝著中央線的尾端切雕。一開始貼近表皮切雕，以拇指與食指扭轉刀柄，邊描繪曲線，邊增加深度，切雕至中央線後會合。切除廢料。

26

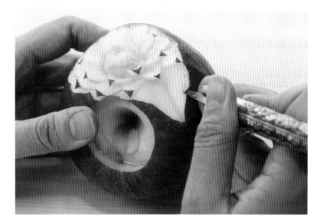

刀刃從葉片基部的位置切入，邊切雕，邊切出，切出後，以指尖扭轉刀柄，再切入，重複以上步驟，將葉片邊緣切雕成鋸齒狀。

27

改變角度將刀刃切入後，切除下側（背面）的廢料，使葉片呈現浮雕狀態。看著玫瑰花，於另一側也切雕一片葉片。依序完成由正前方觀看時，花朵四周雕滿葉片的狀態。

28

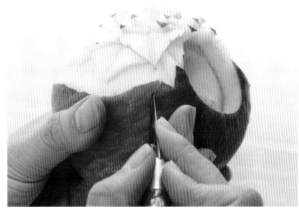

於正面看時的最大範圍內，依序切雕葉片後，調整葉片下方部位。

將葉片邊緣切雕成鋸齒
狀。切除三角錐形廢料，
直至擺放蠟燭的孔洞邊緣
為止。

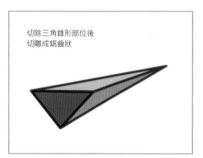

切除三角錐形部位後
切雕成鋸齒狀

NAVEL ORANGE CANDLE STAND
臍橙燭台

柑橘類水果與辛香料的組合，歐洲裝飾用「香盒」的一種。賞心悅目又散發著香氣的切雕實例。

使用的刀具

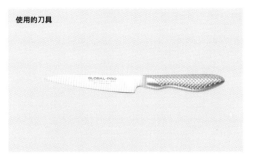

使用柑橘削皮器、GLOBAL製刃長11cm小刀（GP-11）。

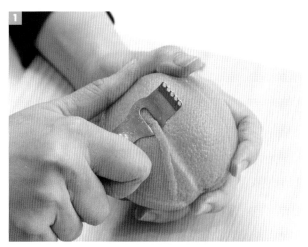

使用柑橘削皮器，將表皮削去分成6等分的線條狀。使用果皮較硬、連帶枝條的臍橙，朝著表皮較軟的臍部削切，更容易削掉外皮。

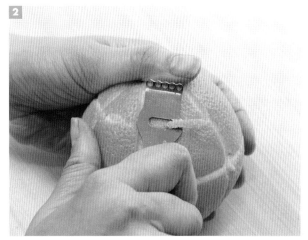

橫向也削皮，削掉3條左右的線條狀。

於蒂頭部位開出一個可置入蠟燭的孔洞。配合蠟燭的底座大小，用刀尖在臍橙表皮上劃出切口。

以刀子切離果肉部分後，切除表皮。

將孔洞切雕成足夠隱藏蠟燭的深度，切雕圓錐形切口後取出果肉。取出果肉後，即可放入蠟燭。

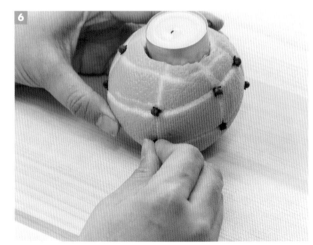

在刮除表皮後所形成的交叉點上，分別插入丁香。

PAPAYA FLOWER
花朵造型木瓜切雕

外形可愛的木瓜花朵切雕，是最適合搭配蔬菜沙拉、冰品或甜點的裝飾。一年四季都能買到進口的木瓜。日本國產木瓜盛產期為初夏至夏季期間（譯註：台灣的木瓜盛產期為8月中旬～11月）。

使用的刀具

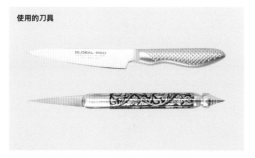

使用GLOBAL製刃長11cm小刀（GP-11）、雕刻刀。

1

蒂頭部位朝下，手拿著木瓜，由上往下切除外皮。若中途停止削皮，就無法削切得很平整，朝著下方去滑動刀子，一氣呵成地完成去皮作業吧！

2

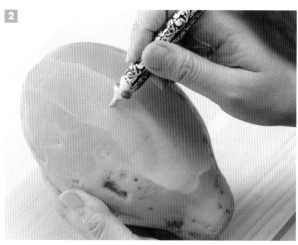

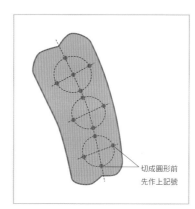

切成圓形前先作上記號

利用雕刻刀柄部尾端，分別於12點鐘、3點鐘、6點鐘、9點鐘與中心點位置，輕輕地作上點記號，作為整齊切雕花瓣形狀的大致基準。共做出3個部分的記號。

3

作記號標出中心點後，於外側的12點鐘位置的點記號之間，挖掉一塊淚滴形廢料。刀尖朝著花瓣的中心點，以左手腕轉動木瓜，以右手切雕。朝著相同方向更容易切雕，因此，緊接著切雕下一朵花的同一個位置的花瓣。

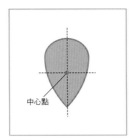

中心點

步驟 6 的花瓣外側切雕順序。

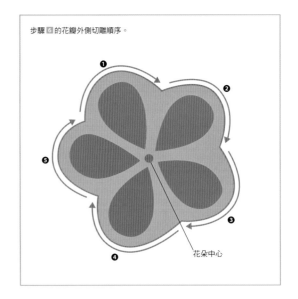

花朵中心

5

切雕其中一側的花瓣後，調轉木瓜頭尾，使蒂頭朝上，以相同要領由上而下依序完成花瓣。

4

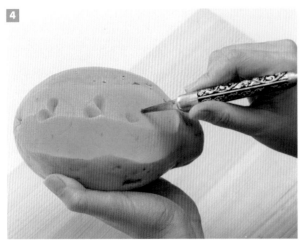

切雕花瓣後，由上而下，以相同要領依序切雕右側花瓣。

6

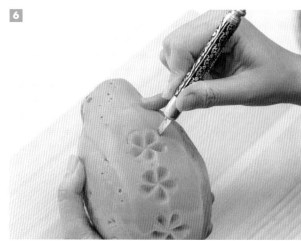

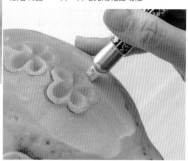

刀刃切入花朵外側。為了挖出花朵，刀尖要朝著花朵中心切雕，拿著木瓜的手腕轉動時，木瓜也跟著轉動，一片一片地完成花瓣切雕。

7

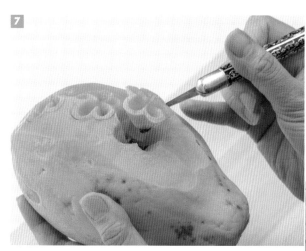

不要一口氣完成切雕，在刀刃切入好幾次後才雕出花朵。

完成的木瓜花朵可冷凍保存。存放冷藏時，果肉易融化，不適合冷藏保存。冷凍後可直接加在冰品上。

PAPAYA BOAT
小船造型木瓜切雕

將挖出種子後呈現空洞狀的木瓜，當作容器盛裝水果或沙拉的切雕實例。切除的廢料則切雕成葉片形狀。

使用的刀具

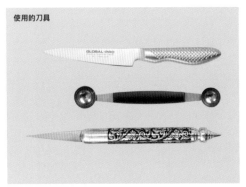

使用GLOBAL製刃長11cm小刀（GP-11）、挖球器、雕刻刀。

1

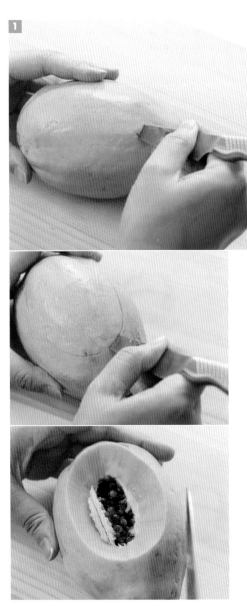

形似握筆，以手指夾住小刀的刀刃部位。將刀刃斜斜地切入至長著種子的部位。邊以刀尖上下切雕，邊切除一塊橢圓形廢料。

2

周圍依序切除三角錐形廢料。以刀子的同一個部位切雕,切入深度為刀刃的寬度,切除三角錐形廢料。固定以刀子的同一個部位切雕,就能切出一模一樣的三角錐形狀。

3

利用挖球器刮掉種子。

將步驟①切除的廢料對切成兩半。

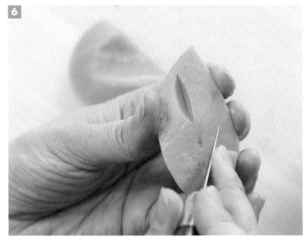

於內側切除3處廢料,切成葉脈的形狀。

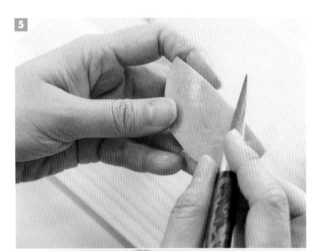

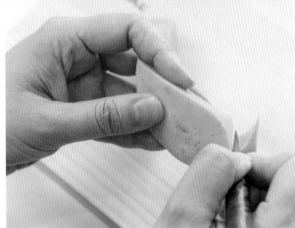

如右圖①與②所示,切雕成葉片形狀。

如下圖的④與⑤劃上切口後即完成。另一塊也以相同要領切雕。

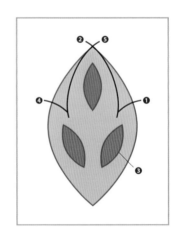

PAPAYA FLOWER TREE
花樹造型木瓜切雕

木瓜不易變色，纖維也不多，是便於整顆使用的水果。
泰國與菲律賓等國，經常將未成熟的青木瓜炒著吃，或
做成醃漬菜餚。顏色轉變或腹部變軟後即可食用。

使用的刀具

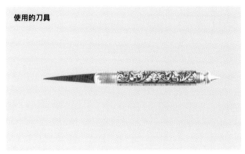

使用雕刻刀。

1

以蒂頭部位為中心，切雕6片葉片。利用雕刻刀作記號（以葉與葉的中間為大致
基準），劃上6條淺淺的線條。將刀刃從線條兩側切入，切雕葉片外側，切除Ｖ
形廢料。以相同要領依序切雕6處。切雕葉片數取決於木瓜的大小。這次的木瓜
較大，因此切雕6片葉片。木瓜較小時，可切雕4片。

2

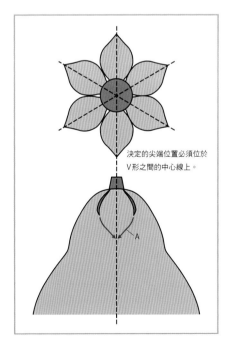

決定的尖端位置必須位於
Ｖ形之間的中心線上。

從步驟 ① 切除 V
形廢料的尖端部位
（左圖Ⓐ）開始，
延長切雕葉片輪廓
的線條。決定的尖
端位置，必須位於
Ｖ形之間的中心線
上。相對於木瓜的
表面，將刀刃直角
切入，分別由左、
右延長切口後，於
頂端會合。

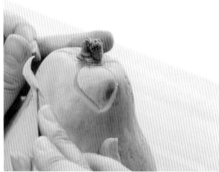

改變角度，將刀刃
斜斜地切入後，切
除廢料，使葉形呈
現浮雕狀態。左、
右側都一樣。

將葉脈切雕成V形。切雕橫向線條時，一開始先稍微立起刀刃，切入後再臥倒刀
刃，然後邊微微地扭轉刀子，邊切除三角形廢料。葉脈長度為比葉尾稍微短一
點，以相同要領切雕6片葉片，協調地依序完成葉脈切雕。

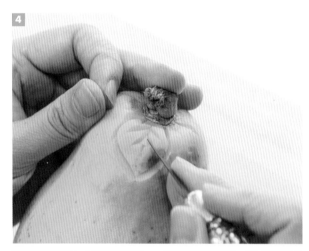

於葉片下方切雕花苞。臥倒木瓜後，以左手調整位置以便切
雕。相對於木瓜表面，將刀刃立起成90度後垂直切入，從
葉片尖端部位開始，切雕花苞的輪廓。左右都一樣，將刀刃
切入後，於尖端部位會合。花苞稍微切雕長一點，擴大表面
積，更便於雕出精美造型。

浮雕花苞輪廓。從
花苞內側入刀，朝
向外側斜放刀刃，
切雕一整圈，切除
V形廢料。

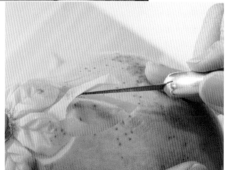

7

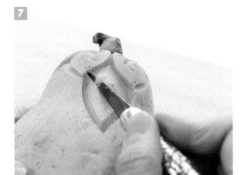

依序削切還留在花
苞內側的表皮部位
後,修圓調整成杏
仁形狀。淺淺地削
切整體,但葉片下
方部位要深雕,以
便看起來呈現浮雕
狀態。

8

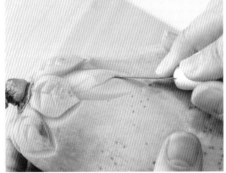

不切除表皮,於表面上依序切雕花瓣。立起雕刻刀的刀刃後
切入,邊微微地傾斜刀刃,邊劃上切口。接著,朝著先前劃
切線條的刀尖,降低刀刃角度後下刀,以刀刃切除廢料,使
花苞的花瓣輪廓呈現浮雕狀態。

9

切雕後表面呈現山峰狀,因此進行修圓調整。

10

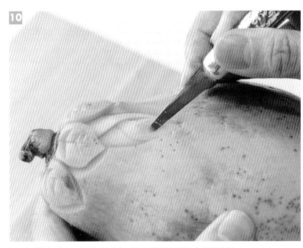

如同切雕第1條線。切除廢料後,與第2條線呈相互交錯的狀態。

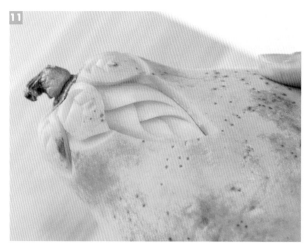

重複相同步驟，切除廢料以完成4條線。

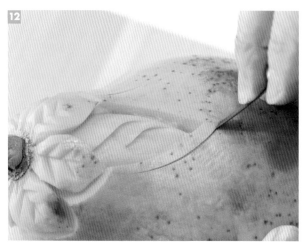

刀刃從外側斜斜地切入花苞下方部位，切除花苞周圍的廢料。

從刀尖容易切入的部位下刀，切除花苞尾端下方部位的廢料，使尖端部位呈現浮雕狀態。尖端部位削尖，形狀看起來更漂亮。以相同要領依序完成6個花苞。

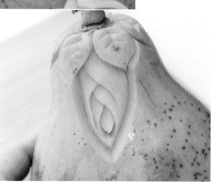

切雕第2層花苞。立起刀刃後切入花苞與花苞之間，劃上切口後，劃切花苞輪廓。細心切雕，使葉片尖端部位與第2層花苞尖端部位呈一直線，完成後形狀更漂亮。如同第1層的花苞，依序完成切雕。

將花苞上方的尖峭部位削圓,感覺更柔美溫馨。

刀刃從第1層花苞頂點部位切入,削切第2層花苞的周圍,使花苞呈現浮雕狀態。以相同要領削切左、右側。

將第1層的葉尾與第2層的花苞尾端切雕成一直線。以相同要領完成6個花苞。

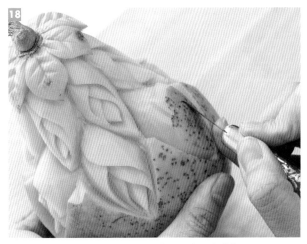

如同第1層,於花苞與花苞之間依序切雕第2層,完成6個花苞。

將第2層花苞周圍切雕成鋸齒狀。邊削除三角錐形廢料,邊切雕一整圈。於花苞與花苞的交界處,從兩側劃上切口,切除三角錐形廢料。

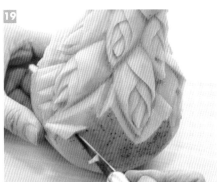

STRAWBERRY FLOWER
花形草莓切雕

使用甘王（Amaou）草莓。相較於使用一整顆草莓，將草莓切雕成凹凸不平狀態後當作裝飾，更能凸顯草莓的存在感。

STRAWBERRY LEAF
葉形草莓切雕

營造立體感，提昇草莓視覺效果的切雕方法。

使用的刀具

使用GLOBAL製刃長9cm削皮刀（GS-38）。

1

切除甘王草莓蒂頭，以中指固定持刀的手，使刀子切入的深度相同。以刀尖切雕成鋸齒狀。

2

刀尖切入深度稍微超過草莓中心，完成的花朵形狀更漂亮。

1

切除甘王草莓蒂頭，橫向劃切V形切口後切離果肉。

2

切離部位也劃上V形切口。確實地切離後，稍微錯開即完成漂亮裝飾。

SMILEY STRAWBERRY
微笑草莓切雕

使用栃乙女（Tochiotome）草莓。以蒂頭部位為頭髮，表現小男孩臉孔。

STRAWBERRY HEART
愛心草莓切雕

尾端尖、從兩側看呈等腰三角形的草莓，最適合切雕愛心造型。

於栃乙女草莓側面靠下方部位上劃上切口後，切掉一小塊半圓形廢料。

將切掉蒂頭的甘王草莓縱切成兩半。蒂頭側切掉一塊大V形廢料。

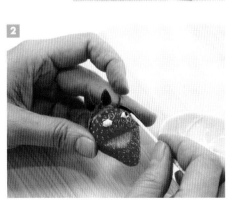

點上奶油、巧克力（細粒）等完成眼睛。

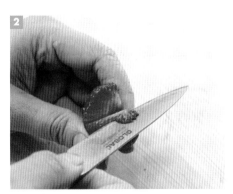

切除蒂頭側的白色部分，修圓調整形狀。

STRAWBERRY CROWN
皇冠草莓切雕

於栃乙女草莓的周圍，環繞切成片狀的甘王草莓，完成皇冠造型裝飾。

使用的刀具

使用GLOBAL製刃長9 cm去皮刀（GS-38）。

切除蒂頭後，立起甘王草莓，儘量切成薄片。

切到最旁邊時，橫放草莓，以刀刃橫向切片。切片時用力按壓刀刃，可能壓扁草莓，因此將刀刃邊往前後移動，邊切離果肉。

雙手拿起重疊狀態的草莓薄片，以手指慢慢地依序推開，以擴大重疊狀態。

擴大至相當程度後，依序環繞在栃乙女草莓周圍，最後以雙手整理成緊貼栃乙女草莓的環繞狀態。將端部朝外擴展。

Vegetable Cutting

蔬菜切雕

甜椒
PAPRIKA

白蘿蔔
JAPANESE RADISH

紅蘿蔔
CARROT

小番茄
CHERRY TOMATO

小黃瓜
CUCUMBER

南瓜
PUMPKIN

PAPRIKA TULIP 鬱金香造型甜椒切雕

雕刻方法：P196　**JAPANESE RADISH DALIA** 大理花造型白蘿蔔切雕

雕刻方法：P151　**CARROT LEAF** 葉片造型紅蘿蔔切雕

CARROT ROSE 玫瑰花造型紅蘿蔔切雕

雕刻方法：P200　**JAPANESE RADISH CAMILLA** 山茶花造型白蘿蔔切雕

將白蘿蔔花、甜椒花、紅蘿蔔花、紅蘿蔔葉等切雕造型盛盤，組合成花藝作品般漂亮
裝飾的蔬果切雕實例。建議裝飾後將蔬菜類蒸煮食用。

小番茄直接使用就已經很容易搭配，但稍微裝飾一下則可使整盤菜餚顯得更華麗。其次，以甜椒為容器，裝入美乃滋或沾醬等，讓菜餚看起來更豪華澎湃。

CARROT EAR OF RICE 稻穗造型紅蘿蔔切雕

紅蘿蔔、櫛瓜等切雕造型後，經過燙煮，插上竹籤，完成可沾上醬汁或起司醬食用的
菜餚。不僅外觀很漂亮，熟悉的蔬果經過切雕後，成了感覺「很特別的料理」。

雕刻方法：P183 **CUCUMBER FLOWER** 花朵造型小黃瓜切雕
雕刻方法：P162 **CARROT FLOWER** 花朵造型紅蘿蔔切雕

利用切成薄片的紅蘿蔔，完成形似石蒜的立體花瓣。用於裝飾蔬菜沙拉或三明治都很
漂亮。3分鐘左右即可完成的切雕造型。

具備相當硬度的紅蘿蔔，適合切雕各種造型。紅蘿蔔的顏色搭配任何菜餚都能夠成為重點裝飾，一次多做一些，稍微燙煮後冷凍，用起來更方便。

水果、蔬菜的花瓣與葉片的組合，可說是料理重點裝飾中應用範圍最廣的組合。大型
花瓣經過蒸煮後更方便食用，盛盤後也賞心悅目。

雕刻方法：P206

PUMPKIN DECORATION CASE 雕刻花朵的南瓜容器

利用南瓜的橘色果肉與綠色表皮形成的漂亮色彩對比，即可完成魅力十足的切雕造型。將南瓜處理成容器，使用起來也很方便。將布丁溶液倒入木瓜容器裡，完成可連同容器一起吃下肚的南瓜布丁。

CARROT LEAF ①
葉片造型紅蘿蔔切雕

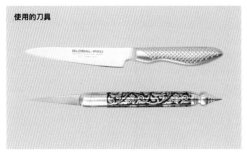

使用的刀具

使用GLOBAL製刃長11cm小刀（GP-11）、雕刻刀。

1

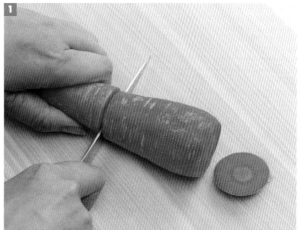

紅蘿蔔切除頭部（葉片側）後，切成寬7cm、厚5mm片狀。

2

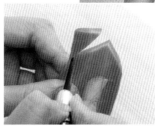

將紅蘿蔔片上窄下寬地拿在手上，以小刀削尖上端，切雕葉片尖端部位。紅蘿蔔片不要擺在砧板上處理，拿在手上切雕才能完成漂亮的曲線。

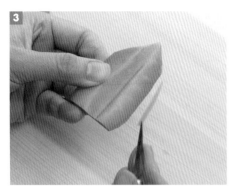

以中指固定持刀的手，維持刀尖切入相同的深度，劃切V形切口後，於右側切掉一條線條狀廢料。

調轉紅蘿蔔片上下，於右側劃切線條狀V形切口，切雕紅蘿蔔片中央的葉脈。

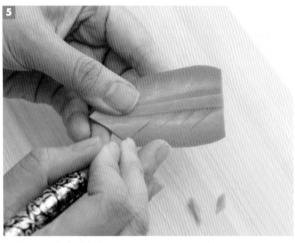

沿著葉脈，朝著斜下方劃上V形切口，切雕成葉脈。朝著自己的方向扭轉刀刃，更容易穩定地完成精巧切雕。

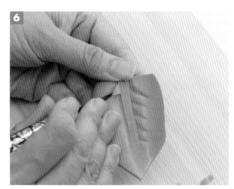

調轉紅蘿蔔片上下，從葉片下側斜斜地下刀，依序劃上V形切口。

沿著葉脈形狀，由上往下，將紅蘿蔔片外側切雕成鋸齒狀。先切雕左側。

繼續以相同要領沿著葉脈切雕右側。

CARROT LEAF ❷
葉片造型紅蘿蔔切雕

使用的刀具

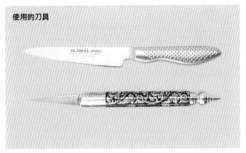

使用GLOBAL製刃長11cm小刀（GP-11）、雕刻刀。

1

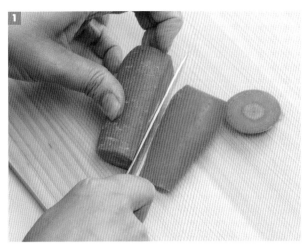

切掉長葉子的紅蘿蔔頭部側後，切成寬7cm、厚5mm片狀。

2

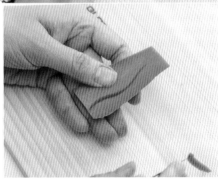

將紅蘿蔔片上窄下寬地拿在手上，由上往下，邊移動刀刃，邊描畫柔美曲線後，切除V形廢料。以中指固定持刀的手，劃上相同深度的切口後，切除廢料。紅蘿蔔片不要擺在砧板上處理，拿在手上切雕才能完成漂亮的曲線。

3

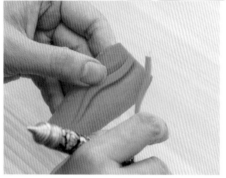

調轉紅蘿蔔片上下，以相同要領於最初的線條的右側，劃上相同的曲線狀切口後，切除V形廢料。

4

沿著葉脈，朝著葉尾，切雕三角錐形切口，完成雕工精巧的葉脈。

5

沿著葉脈形狀，從葉尾開始，將外側切雕成鋸齒狀。先完成左側。以中指固定持刀的手，利用刀尖小心地劃切，既可穩定地切雕，又可避免劃傷手指。

6

以相同要領切雕另一側的外側。

CARROT PIGEON
鴿子造型紅蘿蔔切雕

適合作為蔬菜沙拉或料理菜餚的盤飾，鴿子形狀存在感十足。

使用的刀具

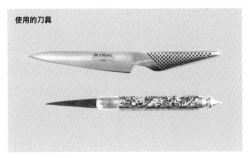

使用GLOBAL製刃長27 cm牛刀（GP-13）、雕刻刀。

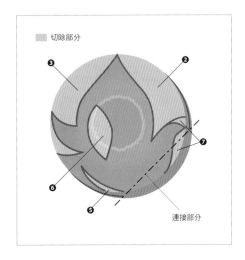

切除部分

連接部分

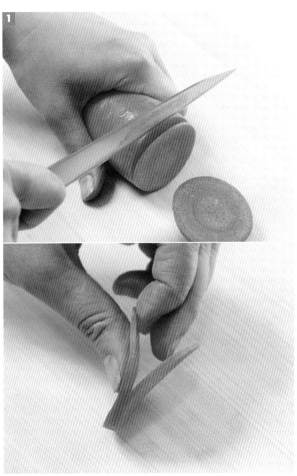

使用較粗的紅蘿蔔頭部側。切成厚1mm，部分相連、不完全切斷的片狀。

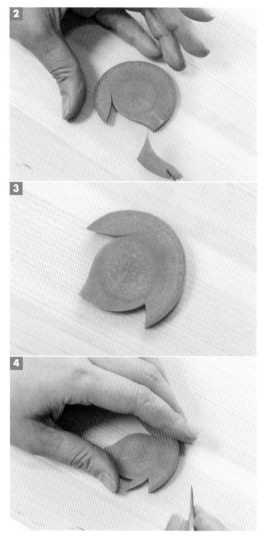

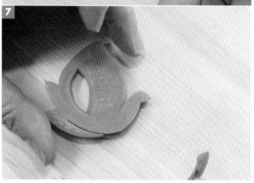

於相連部位切雕頭部、頸部。轉動紅蘿蔔片，從P.155圖中②的位置開始依序切雕。最後，修整頭部，並完成尖峭的嘴部。

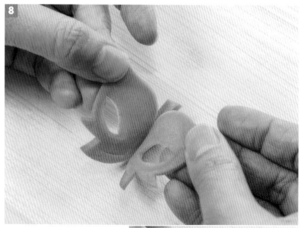

雙手輕輕拉開紅蘿蔔片，將已劃上切口的P.155圖中⑤的部分往內摺，完成鴿子展翅飛翔的模樣即完成。

CARROT EAR OF RICE
稻穗造型紅蘿蔔切雕

以稻穗（ear of rice）為設計構想的切雕造型。可汆燙或蒸煮，因此適合搭配各色蔬菜盛盤，或雕小一點調理成可直接沾醬吃的蔬菜沙拉。

使用的刀具

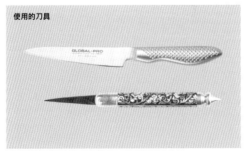

使用GLOBAL製刀長11cm小刀（GP-11）、雕刻刀。

1

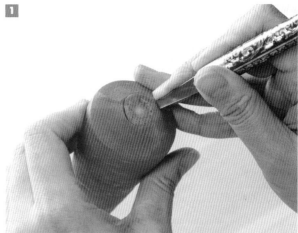

切除蒂頭部位後，將紅蘿蔔修圓調整形狀。將刀刃斜斜地切入圓形中央，切掉一塊圓錐形廢料。

2

利用雕刻刀，從邊緣開始，朝著孔洞的中心，以相同間隔切雕12條線。

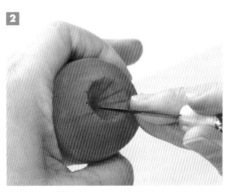

3

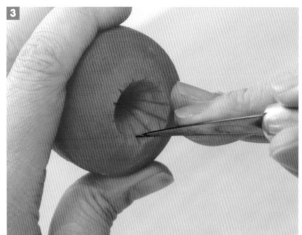

於圓錐形內側切雕6個形狀細長的菱形。從線條與邊緣的交叉點下刀，斜斜地劃切切口至相鄰的線條為止（下圖①）。接著於相同的位置下刀，斜斜地劃切切口至相反側的相鄰線條為止（下圖②）。切除劃切後出現在①與②之間的三角形廢料，將2個部分都切除，使菱形部位呈現浮雕狀態。

4

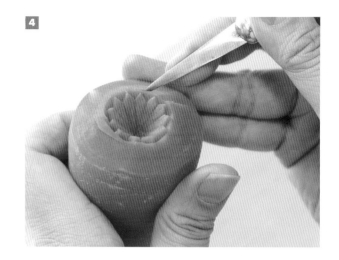

將刀刃從圓錐邊緣的外側斜斜地切入後，切除廢料。

5

削掉凹凸不平的部分，調整表面。

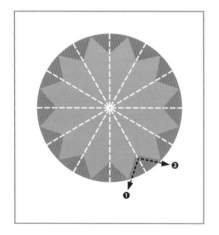

6

切雕第2層菱形。從菱形頂點（右圖Ⓐ）開始，朝著最初劃切的線條Ⓑ的延長線上，斜斜地劃上線條③。從相鄰的菱形頂點Ⓒ開始，以先前畫線的角度劃上線條後，形成交叉狀態（右圖④）。從外側開始削切，使菱形部分呈現浮雕狀態。重複以上步驟，完成12個菱形。

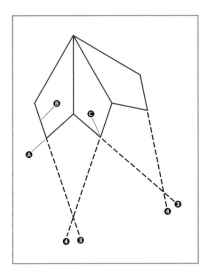

7

修整表面，以切雕第2層的要領，依序完成第3層菱形。菱形的線條於第2層線條的延長線上延伸。繼續切雕，完成的菱形就會展開成漂亮的放射線狀。菱形的大小會越來越大。

8

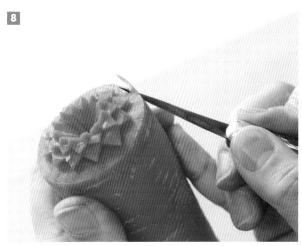

形狀越來越圓，菱形變得又大又長。切雕菱形一整圈後，務必削掉稜角，調整表面。

9

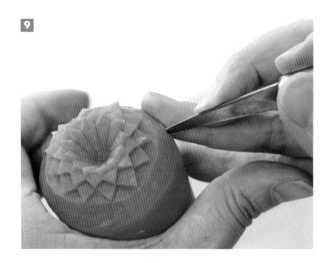

以目前為止的切雕要領，依序於斜斜削切的表面上，切雕第4層菱形。削切菱形背面時，要形成角度，避免切雕太深，邊確認刀尖削切的厚薄程度，邊薄薄地削除廢料。

10

從上方開始，朝著側面，依序往下切雕。菱形部分越來越長，形狀稍微變小。

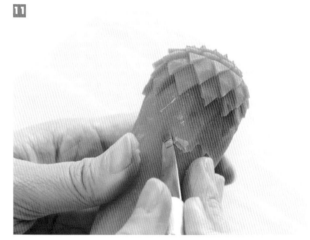

由側面看著紅蘿蔔，修掉凹凸不平的部分，以目前為止的切雕要領，完成第5層菱形。削切菱形之間部位時，切雕基座隆起的現象會越來越明顯。越來越難做出精巧切雕，所以削除基座隆起部分，一直削切調整至尾端，完成順暢銜接且形狀越來越細的端部。

11

以相同要領依序完成第6層菱形。削切菱形之間部位時，邊確認刀尖削切的厚薄程度，邊臥倒刀刃，從斜右後方薄薄地削切。

12

邊削切基底，邊調整表面，邊增加菱形的切雕層數。菱形部位變得越來越小。紅蘿蔔全長不變，但形狀越來越細。

14

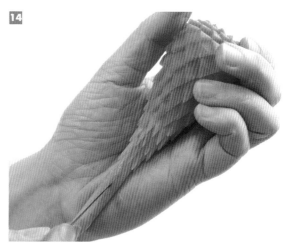

基底部分越削越細後，無法確保菱形數後，不需要執著於數量，在不會破壞氛圍的狀態下，切雕成鋸齒狀，完成逐漸變細的切雕效果。

13

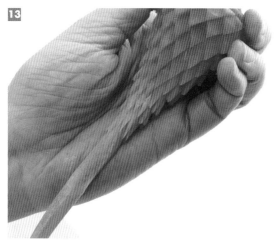

基底越削越細，只以刀刃淺淺地劃上線條。菱形漸漸地切雕成細長型。

15

繼續切雕後，做出宛如自然掉落般的尾端。邊活用鋸齒狀氛圍，邊把尾端切雕成筆尖狀態，即完成切雕造型。

CARROT FLOWER
花朵造型紅蘿蔔切雕

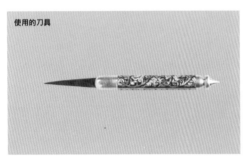

使用的刀具

使用雕刻刀、削皮刀。

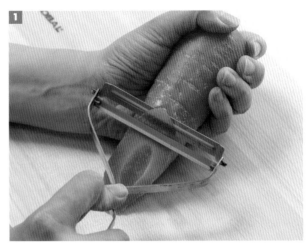

紅蘿蔔先斜切,再以削皮刀刨切成薄片,擺在砧板上。切雕過程中轉動紅蘿蔔片,以便切雕造型。

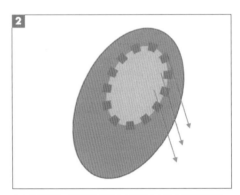

由內往外切雕。(慣用右手的人)刀刃由左往右切雕更自然。

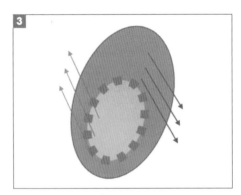

轉動紅蘿蔔片,以步驟 ② 的要領完成切雕。

4

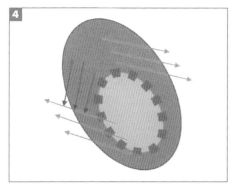

將紅蘿蔔往右移動，更便於切雕。

5

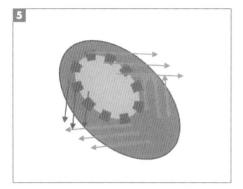

轉動紅蘿蔔片，以步驟 ④ 的要領完成切雕。

6

往中央劃上長形切口後，觀察劃切情形，再往左右各劃上切口。

7

切雕下邊時，由中央往外（右）劃上切口（下圖A）。切雕上邊時，由中央往外（左）劃上切口（下圖B）。

8

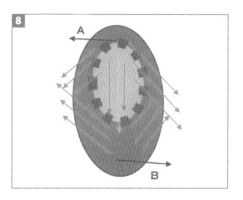

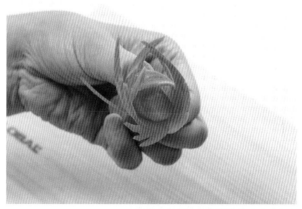

以B的切口鉤住上圖A的切口，完成姿態渾圓的花朵造型。

CARROT MINI FLOWER
小花造型紅蘿蔔切雕

泰國的古典切雕造型之一。最適合以紅蘿蔔尾端切雕的造型。馬上就能完成，因此需要許多小花切雕造型時很適合採用。當作湯料漂浮在湯品表面上，或蒸煮後直接食用皆可。

使用的刀具

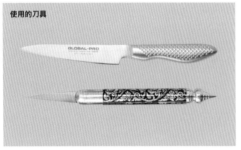

使用 GLOBAL 製刃長 11 cm 小刀（GP-11）、雕刻刀。

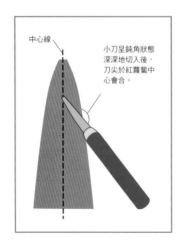

中心線

小刀呈鈍角狀態深深地切入後，刀尖於紅蘿蔔中心會合。

1

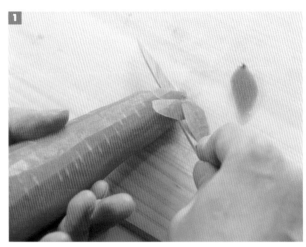

利用小刀削掉整個紅蘿蔔外皮後，削鉛筆似地削尖尾端，削掉竹葉形的片狀廢料。

2

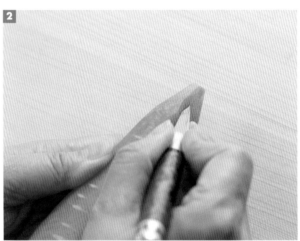

邊以左手轉動紅蘿蔔，邊以小刀依序切雕 5～6 片花瓣。刀尖沿著紅蘿蔔，慢慢地切入深處後，朝著另一側切出。刀刃於靠近紅蘿蔔尖端處會合。刀刃深切至中心線的另一側後，務必在最後才切下花朵。

3

先立起刀刃深深地切入，切雕花瓣頂端部位時，刀刃沿著紅蘿蔔深深地切入。大幅改變角度，完成中心部位厚切、邊緣切雕得非常薄的花朵。

4

切下花朵部分。切雕一整圈花瓣，即可切下花朵。

5

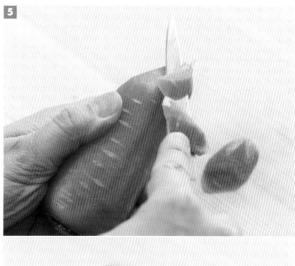

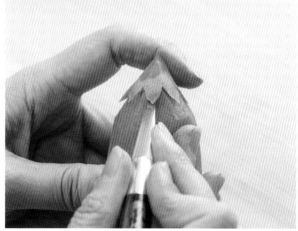

和最初切雕時相同，削尖紅蘿蔔尾端部位，再以相同要領完成花瓣後切下花朵。重複以上步驟。

CARROT CARNATION
康乃馨造型紅蘿蔔切雕

以長葉子的紅蘿蔔頭部側切雕造型。粗壯的紅蘿蔔頭部側最適合切雕此種造型。

使用的刀具

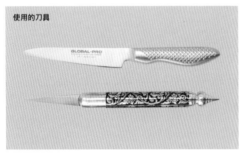

使用GLOBAL製刃長11 cm小刀（GP-11）、雕刻刀。

切除蒂頭後，輪切成厚3～4 cm的段狀。

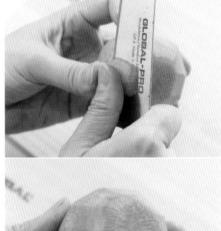

去皮後確實地削除稜角，調整成半球狀。

3

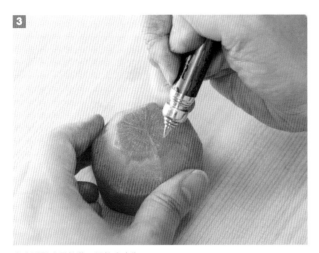

中央浮雕大圓柱狀。圓柱大小為
1：1（圓形直徑）：1。先以雕刻刀
柄部決定中央，作記號標上下左
右，然後連結4點，描畫圓形。

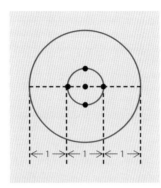

4

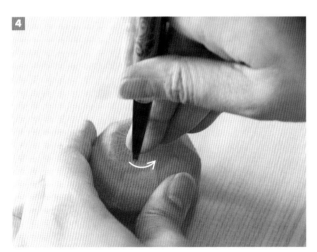

沿著事先描畫的線條，使雕刻刀的刀刃呈直角狀態，切入深度約1cm。由9點鐘
方向，朝著6點鐘方向，轉動紅蘿蔔，維持切入深度為1cm的狀態，繼續劃切一
整圈。

5

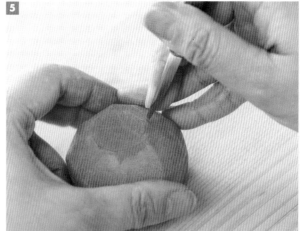

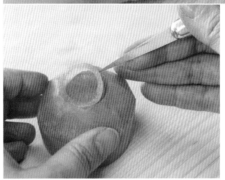

在步驟④劃切口的圓形外側劃上切
口。朝著步驟④劃切圓形切口的刀
尖位置，將雕刻刀從外側斜斜地切
入。其次，雕刻刀的刀尖朝著紅蘿蔔
正中央的下方部位。由3點鐘方向，
朝著6點鐘方向，邊以左手轉動紅蘿
蔔，邊切雕一整圈。感覺刀尖於深處
會合。切雕過程中轉動紅蘿蔔，因
此刀尖一直維持在3點鐘位置。切雕
時，刀尖的影子可能擋到最初切雕的
圓形切口，因此，邊確認邊轉動紅蘿
蔔吧！

刀刃朝向

6

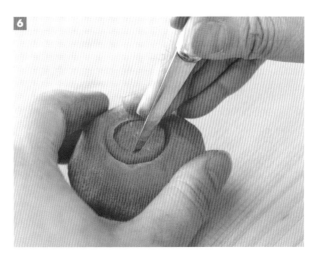

削除中央的圓柱狀部位的稜邊後修圓。

7

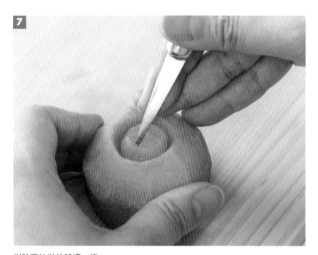

削除圓柱狀的稜邊，修
圓調整後，於圓柱狀部
位切雕玫瑰花。將刀刃
垂直切入圓柱狀部位的
邊緣（右圖中刀①）。
接著從該切口內側，朝
著直角切入的刀尖，大
幅改變角度，使刀刃朝
外斜切入刀（右圖中刀
②）後，切除廢料，完
成浮雕狀態的花瓣。

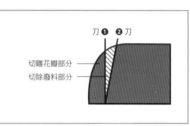

刀❶ ❷刀

切雕花瓣部分
切除廢料部分

8

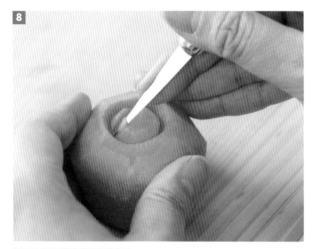

削掉凹凸不平的部位後修整表面，
切雕下一片花瓣。重疊第1片花
瓣，從花瓣內側垂直劃上切口，大
幅改變角度，以刀尖斜斜地切入
後，切除廢料，完成浮雕狀態的
花瓣。重複相同動作，完成5片花
瓣。

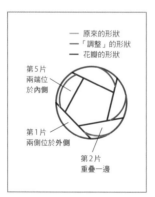

—— 原來的形狀
—— 「調整」的形狀
—— 花瓣的形狀

第5片
兩端位
於內側

第1片
兩側位於外側

第2片
重疊一邊

9

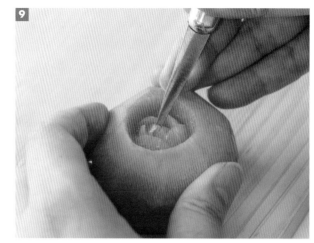

於花瓣中心切雕第2層花瓣。降低高度，切雕的花瓣變小。

10

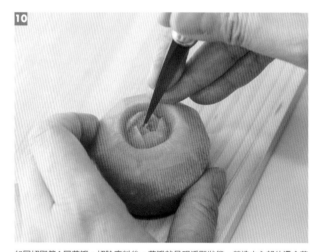

如同切雕第1層花瓣，切除廢料後，花瓣就呈現浮雕狀態。營造中心部位還含苞
待放的感覺，切雕成尖尖的形狀。

11

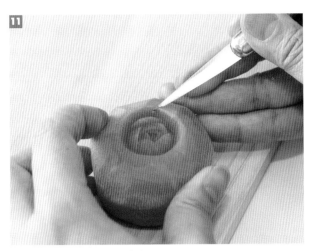

斜切外側圓形的邊緣以擴大圓形部位。

12

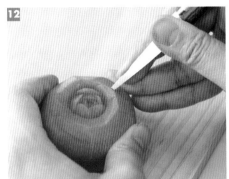

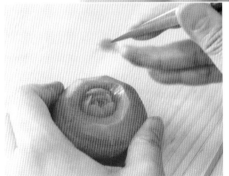

於溝的外側依序切雕花瓣。將溝的表面切雕成圓弧狀。

13

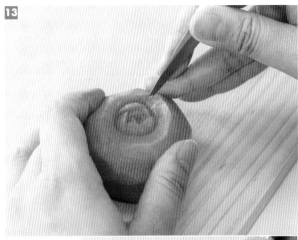

切雕花瓣尖端的部位，依序切成鋸齒狀。立起刀刃後切入，邊以左手轉動紅蘿蔔，邊以右手拇指與食指扭轉刀柄，邊切出刀刃，邊斜斜地繼續切雕。越往花瓣中央雕得越高，然後越雕越低。

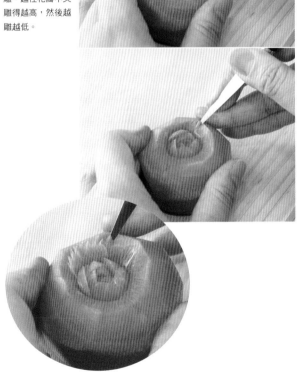

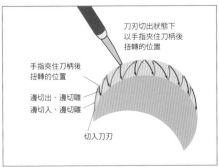

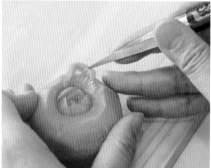

改變角度後,將刀刃由切雕花瓣部位的背面切入,切除下側(背面)的廢料,使花瓣呈現浮雕狀態。

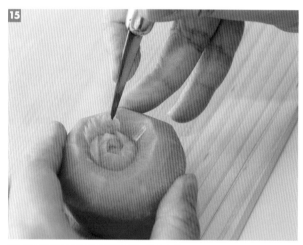

第2片花瓣重疊在第1片花瓣的裡側,依序完成切雕。

以相同要領切雕5片花瓣。

於外側切雕第2層花瓣。從第1層花瓣與花瓣之間開始,依序切雕至紅蘿蔔直徑的最大限度。

改變角度後,從刀刃由切雕花瓣部位的背面切入,切除下側(背面)的廢料,使花瓣呈現浮雕狀態。共切雕5片花瓣。

切下花朵。將刀刃斜斜地切入花朵下方，避免切到花瓣，切成圓錐形。

刀尖從花瓣中心的正下方切入，刀尖稍微朝著前方，切下的花朵更漂亮。

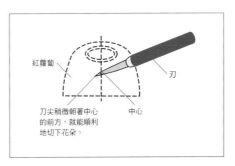

紅蘿蔔

刀

中心

刀尖稍微朝著中心
的前方，就能順利
地切下花朵。

CARROT MADDER
茜草造型紅蘿蔔切雕

以紅蘿蔔完成茜草（MADDER）花瓣般的切雕造型。最適合用於練習花瓣鋸齒狀部位的切雕技巧。

使用的刀具

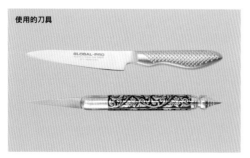

使用GLOBAL製刃長11cm小刀（GP-11）、雕刻刀。

1

紅蘿蔔輪切成適當厚度。劃上5等分的線條後，分別切雕成正中央隆起的狀態。

2

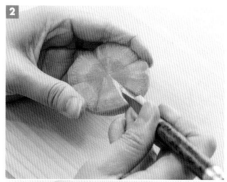

將作為花瓣尖端的部位，依序切雕成鋸齒狀。只有刀尖部位切入，邊以左手轉動紅蘿蔔，邊以右手拇指與食指扭轉刀柄，邊切出刀刃，邊斜斜地繼續切雕。共切雕5片花瓣。

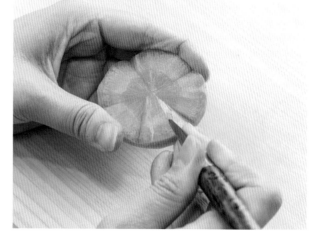

慢慢地增加切雕高度至花瓣的中央部位後，再慢慢地降低高度。鋸齒狀部位形成明顯差異，將中央部分切雕成最大，形成美麗對比。中央部分切雕成左右對稱的三角形。鋸齒狀部位的尖端朝著中央，切雕成橫向起伏狀態以增添表情，完成雕工精美的造型。

改變角度，將刀刃從切雕花瓣的背面切入後，切除下側（背面）的廢料，使花瓣呈現浮雕狀態。

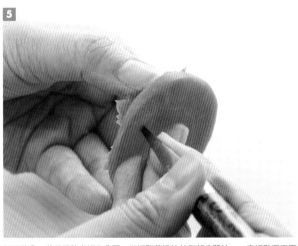

切下花朵。將刀刃筆直切入背面，從切雕花瓣的外側部分開始，一直切雕至正面為止。切雕一整圈，雕成圓形。

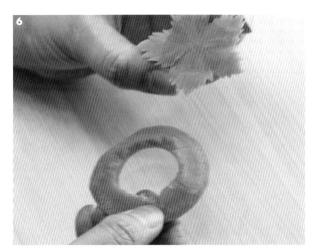

切除底部外側至俯瞰時不會看到。

變化雕法

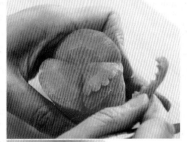

削圓花瓣尖端部分，就成了表情相異、形似天竺葵的花朵造型。

CARROT CRYSTAL BALL
水晶球造型紅蘿蔔切雕

使用的刀具

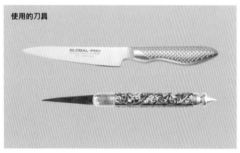

使用 GLOBAL 製刃長 11 cm小刀（GP-11）、雕刻刀。

1

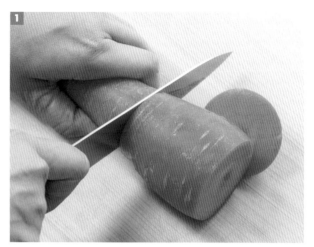

切掉長葉子的紅蘿蔔頭部側後，切成長度略大於直徑的圓柱狀。

2

將較粗側切成圓形。側面也調整，切雕成半圓狀。

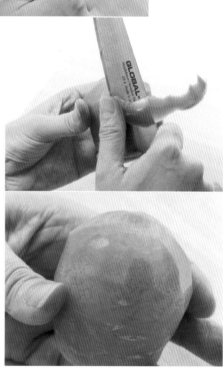

3

修整成半球狀的部分，就是這款水晶球造型紅蘿蔔切雕的下方部位。以半球狀頂點部位為中心，分成12等分後，劃上V形切口。

4

利用雕刻刀柄部等筆尖般硬物，於劃切口處周邊施加壓力，描畫圓形線條。

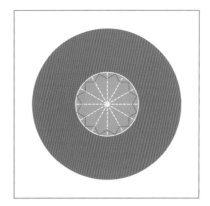

如上圖畫紅線位置所示，於12等分的切口之間劃上切口。

5

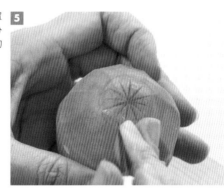

6

將刀刃從側面切入步驟⑤劃切口部位的下方，邊轉動紅蘿蔔，邊切雕一整圈，留下步驟⑤的切口後，切除廢料。

完成12片呈現浮雕狀態的花瓣。

7

切除廢料部分修圓調整後，切雕第2層鋸齒狀。

8

刀尖切入後，切雕成第2層鋸齒狀部位，使其位於第1層鋸齒狀部位之間。

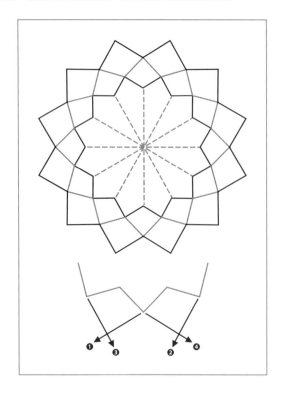

9

如同步驟⑥，從刀尖由側面切入劃切成鋸齒狀切口部位的下方，邊轉動紅蘿蔔，邊切雕一整圈，保留鋸齒狀部位，切除廢料。

10

以相同要領劃上第3層鋸齒狀切口。但切除廢料時，刀尖要從下方切入，而不是由側面切入。切雕成鋸齒狀部位的尖端朝向下方的狀態。

11

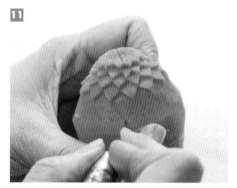

如同步驟⑩，依序切雕第4、5層鋸齒狀。由上方俯瞰時，若被鋸齒狀部位遮擋到而看不到下方部位，那麼，切雕以下各層時，就必須依序縮小鋸齒狀的大小。

由上方俯瞰時，整塊紅蘿蔔雕滿花瓣。

12

將鋸齒狀的三角形部分雕小一點，以便下一層鋸齒狀部位位於上一層鋸齒狀部位之間。刀尖由下往上切入劃切成鋸齒狀切口部位的下方，邊轉動紅蘿蔔，邊切雕一整圈，保留鋸齒狀部位，切除廢料。

13

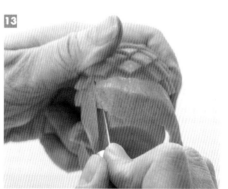

切雕下一層鋸齒狀部位之前，將剩下部分削圓，把尖端修細一點以調整形狀。

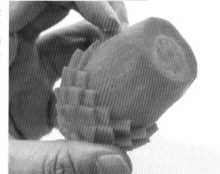

紅蘿蔔越來越細。

14

以相同要領切雕下
一層鋸齒狀部位。
鋸齒狀的三角形部
分再雕小一點。

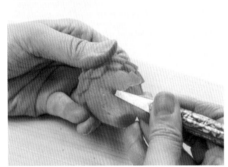

15

再度修圓調整剩下的部分。

16

把鋸齒狀的三角形部分雕得更小，接著將剩下部分修圓調整形狀。

17

繼續切雕至尾端為止。

18

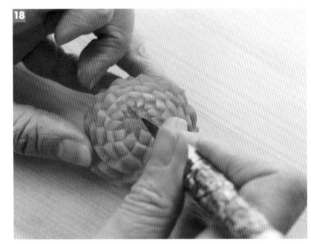

中心部分削尖，將刀尖切入後，朝著尾端劃上3～4條線條狀切口。

CHERRY TOMATO FLOWER
花朵造型小番茄切雕

在小番茄、迷你番茄的表面劃上切口，完成花苞般的裝飾。迷你番茄雕出表情而存在感倍增。

使用的刀具

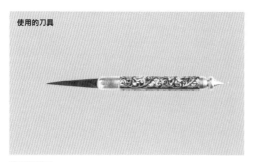

使用雕刻刀。

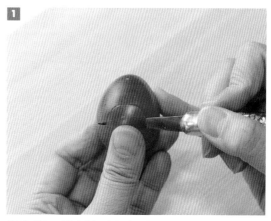

蒂頭側朝下，以指尖確實地捏住迷你番茄，運用拉刀技巧，往側面劃上切口。

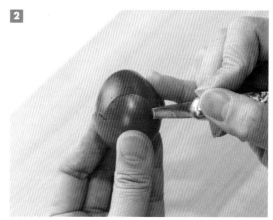

轉動迷你番茄，改變位置後，於切口旁劃上切口，劃切一整圈。

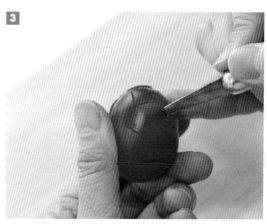

切雕下一層，於切口與切口之間劃上切口，切雕一整圈後，繼續於上方劃切口，切雕一整圈。

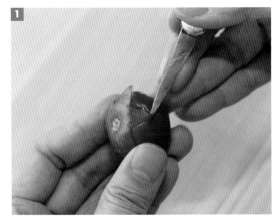

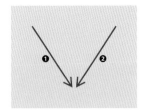

花朵造型小番茄的另一種切雕方法。蒂頭側朝上,將番茄拿在手上,如右圖中所示,由上往下劃上V形切口。以無名指固定持刀的手,刀尖只切入約1mm。

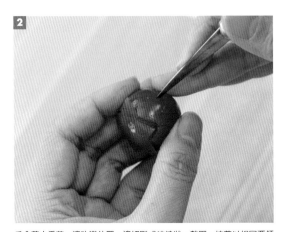

手拿著小番茄,邊改變位置,邊切雕成波浪狀一整圈。接著以相同要領於下方劃上V形切口一整圈。

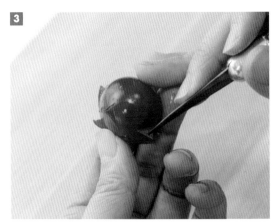

蒂頭側朝下,手拿著小番茄,改變位置後,刀刃切入先前劃切的V形部位的表皮,稍微挑起表皮,朝著外側掀開表皮似地完成花瓣狀切雕。

PAPRIKA BASKET
網籃造型甜椒切雕

在日本上市的新鮮甜椒吃起來不辛辣，果肉厚實，味道鮮甜。色彩鮮豔，盛盤後最亮眼。因此，切雕成能盛裝沙拉沾醬或調味醬汁的容器。

使用的刀具

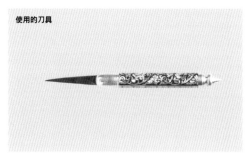

使用雕刻刀。

1

拿起雕刻刀，以無名指固定持刀的手，將刀刃淺淺地切入甜椒約3mm。如下圖所示，刀尖動作固定「由上往下」地切雕出相同的形狀。

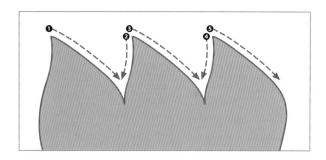

2

切雕一整圈後，慢慢地增加力道，剝離果肉。

3

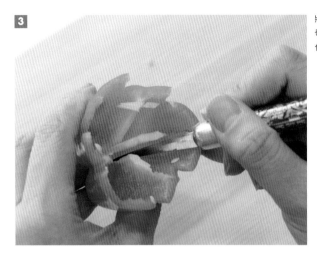

將甜椒臍部（蒂頭的另一側）切雕成網籃狀。
切除裡面的種子與附著種子的部位，完成可當
作容器的狀態。

4

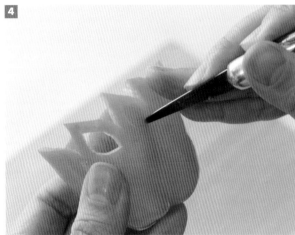

將切雕成波浪狀的網籃邊緣，鏤空切雕出裝飾窗狀。
以無名指固定持刀的手，如下圖所示，「由上往下」
地以刀尖切下淚滴狀廢料。

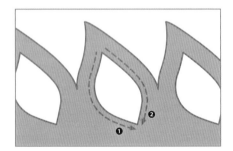

CUCUMBER FLOWER
花朵造型小黃瓜切雕

將小黃瓜切雕成花朵形狀。因為是能立著裝飾的切雕，
頓時成為充滿立體感的蔬菜沙拉重點裝飾。

使用的刀具

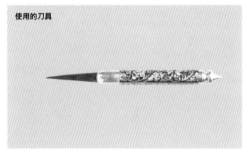

使用雕刻刀。

1

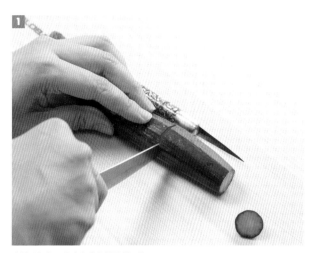

小黃瓜切段，長度為略長於雕刻刀的刀刃。

2

於切口作十字型記號後，側面劃
上深2mm的切口。以中指固定持
刀的手，刀尖切入深度避免超過
2mm，劃切至距離下方1cm為止。

3

剝開劃切口處似地，將雕刻刀的刀尖切入表皮內側。往逆時針方向切雕。

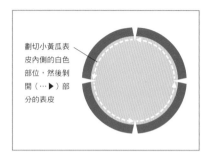

劃切小黃瓜表皮內側的白色部位，然後剝開（…▶）部分的表皮

4

刀刃慢慢地往深處切雕，劃切至距離下方1㎝處。共劃切4個部分，完成切雕花瓣的部分。

5

削圓內側部分後調整形狀。削切成由上方俯瞰時，作為花瓣部位與作為花心部位之間形成空隙。

切除作為花瓣表皮部分的兩角，完成花瓣形狀。

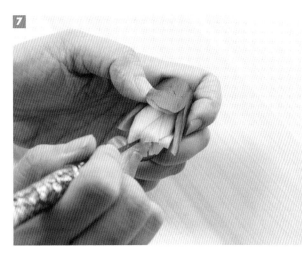

切雕花心部分，如下圖A所示，於側面劃上山形
切口。刀尖朝著俯瞰花心時的中心位置，切口寬
度為俯瞰花心時的八等分寬度。切雕一整圈後，
從花心的上部邊緣（圖中的B）開始，刀尖朝著
花心中心的下方，切除廢料，切成圓錐形。

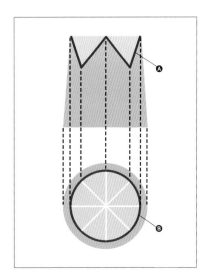

8

將外側花瓣的邊緣切雕成鋸齒狀。每一片花瓣邊緣皆
由上往下，如左圖所示，重複「削圓①，切角②，
再削圓③，再切角④」的動作，依序完成切雕。

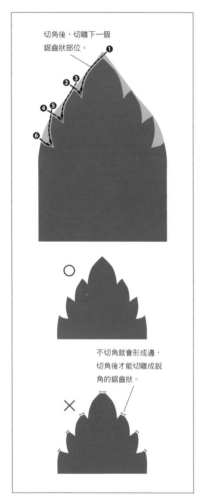

切角後，切雕下一個
鋸齒狀部位。

① ② ③ ④ ⑤ ⑥

○

不切角就會形成邊，
切角後才能切雕成銳
角的鋸齒狀。

×

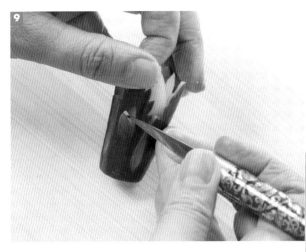

9

於花瓣中央劃切花瓣形狀的小切口。避免呈鏤雕狀態，底下部分需相連，使切雕部位朝著內側。

10

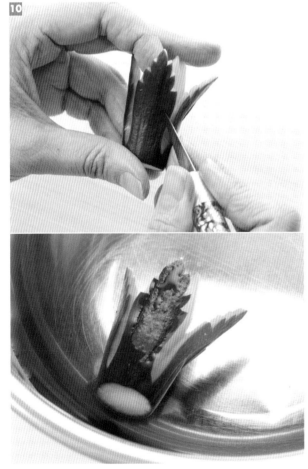

花瓣之間留下些許間隔，看起來更像花朵，因此，切雕花瓣之間部位後調整形狀。泡入常溫的水中，即可使小黃瓜表皮展開成花朵狀態。於此狀態下保存，瀝乾水分即可盛盤。

JAPANESE RADISH ROSE
玫瑰花造型白蘿蔔切雕

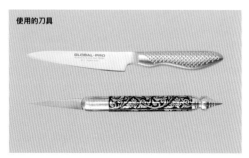

使用GLOBAL製刃長11cm小刀（GP-11）、雕刻刀。

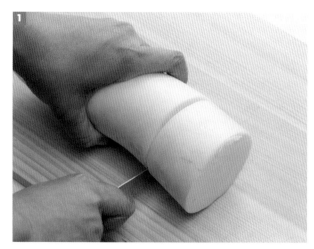

使用白蘿蔔直徑約6cm的部分，切成厚45mm後，削除表皮。

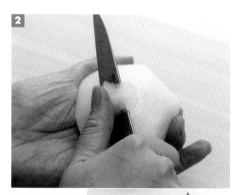

削圓其中一頭的切口，將形狀修整成半球狀。

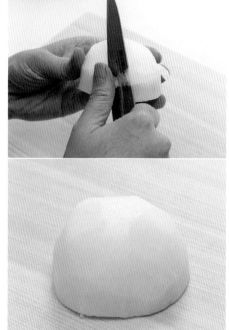

3

以削成半球狀側為花瓣下方。於半球狀的側面劃上切口後，如右圖所示，緊接著改變角度，劃上切口，使切雕花瓣部位呈現浮雕狀態。

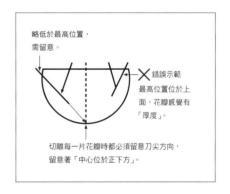

略低於最高位置，需留意。

✕ 錯誤示範
最高位置位於上面，花瓣感覺有「厚度」。

切雕每一片花瓣時都必須留意刀尖方向，留意著「中心位於正下方」。

4

切除廢料後，修圓調整邊緣部位。

5

如右圖所示，從第1片花瓣內側劃上切口，以便花瓣呈重疊狀態。接著改變角度，劃上切口，切除廢料，使切雕花瓣部位呈現浮雕狀態。

圖例：
— 原來的形狀
— 「調整」的形狀
— 花瓣的形狀

第5片
兩端位
於**內側**

第1片
兩側位於**外側**

第2片
重疊一邊

6

重複相同動作，切雕5片呈現浮雕狀態
的花瓣。

7

將中央的圓柱狀部分修整成半球狀。修
整後的圓柱狀部位，高度略低於外側的
花瓣。

8

完成第1層的5片花瓣後，於相鄰位置切雕第2層的第1片花瓣。（切雕外側花瓣～內側花瓣。切雕時不要一心想著要交互配置，以隨意配置為佳）。如同外側劃上切口後，切除廢料，使花瓣呈現浮雕狀態。

9

內側切雕5片花瓣後，再次將中央的圓柱狀部位削圓，降低高度，調整形狀。

10

繼續於內側切雕花瓣。最後，將中央部分雕低一點後削尖，調整成還含苞待放的氛圍。裡面若出現切雕的碎屑，將花朵放入水中甩即可清除碎屑。

JAPANESE RADISH LOTUS
蓮花造型白蘿蔔切雕

當作生魚片、生牛肉片、蔬菜沙拉的裝飾，或搭配湯料、關東煮、蒸蔬菜等都很耀眼。切雕時產生的蘿蔔碎片，可放入食物調理機裡打成蘿蔔泥。

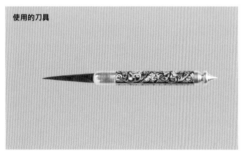

使用的刀具

使用雕刻刀。

1

將白蘿蔔輪切成厚 5 cm（厚度大於刃長 45 mm）的圓柱狀。白蘿蔔不去皮，直接切雕造型。

2

由上往下，縱向劃上切口。刀刃切入深度約 2 mm。劃切時以中指固定持刀的手。劃切至距離下方約 1 cm 處，再以 1 cm 左右的寬度，分別劃上等分的切口。分成「10 等分」時，若白蘿蔔太粗，就無法切雕出漂亮的造型，因此，將最外側的花瓣切雕成寬 1 cm 左右，切雕一半以上後，觀察切雕情形，再調整成相同寬度。

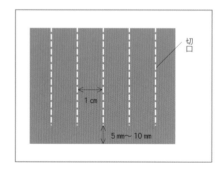

3

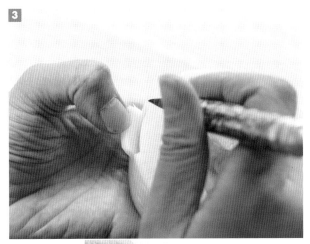

於厚約 2 mm 處劃上
切口，多劃幾刀，
切深一點。若切雕
花瓣下方部位偏
厚，就不容易切雕
花瓣。以相同要領
繼續切雕，處理出
切雕外側花瓣的空
間。

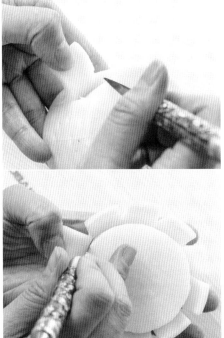

4

白蘿蔔內側的側面有瑕疵時，必須調整成表面平滑，完全沒有瑕疵的狀態。

5

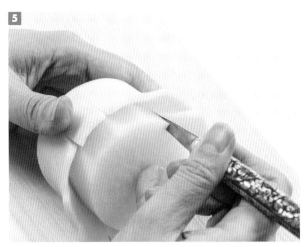

從內側縱向劃上切口，劃在可看到內側情形的最大範圍內。處理內側圓柱狀部位
時，如同處理外側，縱向劃上切口。刀尖朝著圓柱狀部位的中心，劃上等分的切
口，完成與外側花瓣交互重疊的狀態。

切除白蘿蔔表皮內側的白色部分
後，剝開（⋯▶）表皮

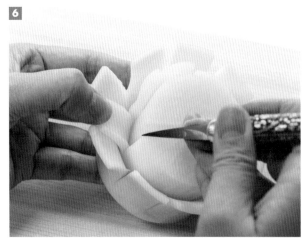

6

於厚約2mm處劃好切口後，切雕花瓣。如同切雕外側，將刀尖一直朝著內側。若為反方向，可能因此而切掉花瓣。切雕花瓣時，看得到的地方薄切，看不到的下方部位厚切，即可完成漂亮又不容易碎裂的切雕造型。

8

第3層也一樣，縱向劃上切口後，切雕花瓣。越往內側切雕，花瓣寬度越窄，掀開的深度也越淺。繼續切雕，花瓣寬度變得更窄，因此，入刀後將白蘿蔔往逆時針方向旋轉。轉動白蘿蔔即可更穩定地切雕。

7

切雕內側一整圈後，如同步驟④，修整內部的圓柱狀側面至完全沒有瑕疵為止。刀尖朝著外側，眼睛看向內側，邊確認刀尖，邊調整形狀。

9

第4層以後，如同步驟⑧，依序切雕花瓣。將中央部分削尖。

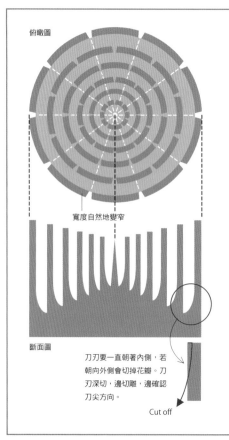

俯瞰圖

寬度自然地變窄

斷面圖

刀刃要一直朝著內側，若朝向外側會切掉花瓣。刀刃深切，邊切雕，邊確認刀尖方向。

Cut off

調整外側花瓣的形狀。外側較厚，因此，將刀尖從花瓣尖端切入後，繼續往下切雕。

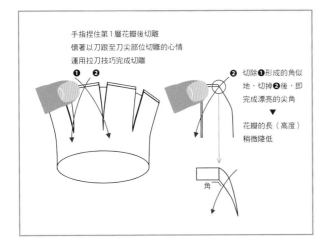

手指捏住第1層花瓣後切雕
懷著以刀跟至刀尖部位切雕的心情
運用拉刀技巧完成切雕

❶ ❷

❷ 切除❶形成的角似
地，切掉❷後，即
完成漂亮的尖角
▼
花瓣的長（高度）
稍微降低

角

第2層以後，改變手拿白蘿蔔的位置，將
刀尖朝下，由上往下地從花瓣基部朝花瓣
尾端切雕。

第3層以後也如同步驟⑪，繼續切雕成花瓣形狀。

浸泡冰水就會像開花似地展開花瓣。泡在冰水裡冷藏保存2～3天，依然能維持
漂亮狀態。

JAPANESE RADISH DALIA
大理花造型白蘿蔔切雕

直接當作裝飾就很漂亮,可蒸煮後使用,或當作湯料等
漂浮在湯品表面上也很經典。

使用的刀具

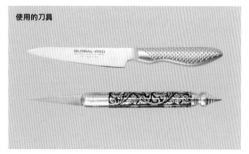

使用 GLOBAL 製刃長 11 ㎝小刀(GP-11)、雕刻刀。

1

白蘿蔔以菜刀輪切
成厚4㎝左右的小
段。決定大小時,
以刀刃長度與手拿
方便性為基準。白
蘿蔔去皮後,削掉
稜邊,修整成半球
狀。

2

將中央浮雕成圓柱狀。以雕刻刀柄
部尾端作記號。完成由上方俯瞰
時,圓形直徑略大於圓形的兩端,
兩側幾乎等長(圖中Ⓐ與Ⓒ等長,
Ⓑ則略長於Ⓐ與Ⓒ)的記號。

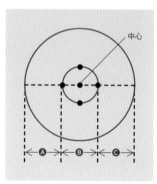

3

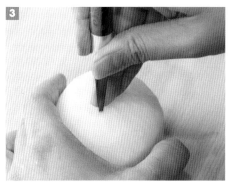

參考點記號，將雕刻刀的刀尖筆直切入約5 mm。把小指當作圓規的針，抵在9點鐘位置，朝著6點鐘方向，邊上下切雕，邊轉動白蘿蔔，繼續完成切雕。過程中轉動白蘿蔔，因此刀子一直維持在9點鐘位置。

4

於稍微靠近圓形外側處劃上切口。雕刻刀朝著最初切雕圓形的刀尖位置，斜斜地切入。由3點鐘位置，朝著6點鐘位置，邊上下切雕，邊轉動白蘿蔔，繼續完成切雕後，切下一片環狀廢料。過程中轉動白蘿蔔，因此刀子一直維持在3點鐘位置。

5

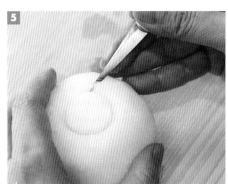

分成6等分後切溝。淺淺地依序切除V形廢料。

6

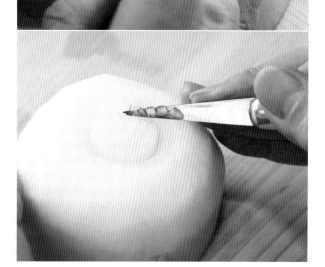

將中央的圓柱狀表面切雕成格子狀。先往中央切雕一條V形直線，再以相同距離，分別往左右兩側切雕2條V形直線。然後將白蘿蔔旋轉90度，以相同要領切雕直線。切雕成細細的線條，不容易分辨清楚，請確實地雕出深度吧！留在V形溝中的細小顆粒狀也必須清除乾淨。以右圖中①～⑤的順序切雕，更容易完成相同間隔又整齊排列的線條。

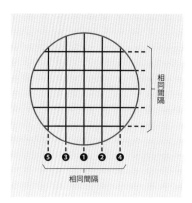

相同間隔

⑤ ③ ① ② ④

相同間隔

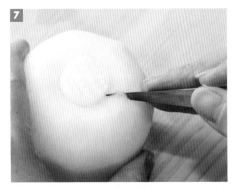

7

於外側切雕6片花瓣。劃上6等分的線條後，切除V形廢料。

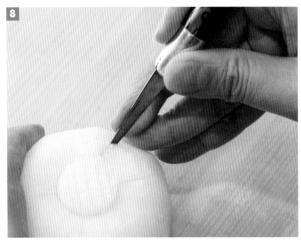

8

於溝與溝之間切雕花瓣。立起刀刃後切入溝的基部，朝著中心慢慢地臥倒刀刃，切雕成圓弧狀，接著邊慢慢地立起刀刃，邊切除廢料至下一個溝的基部。順暢地滑動刀刃，即可將表面修飾得更漂亮。小心切雕，依序完成6片等長的圓弧花瓣吧！

9

切除花瓣背面，完成浮雕狀態的花瓣。

10

切雕第2層花瓣前，將基座修整得更平滑。

11

於第1層花瓣與花瓣之間，依序切雕第2層花瓣。將刀刃由第1層花瓣的一半位置切入，切雕至相鄰花瓣的一半位置為止，切雕成圓弧狀。切除花瓣背面，使花瓣呈現浮雕狀態。切雕的花瓣略大於第1層。以相同要領依序完成6片花瓣。

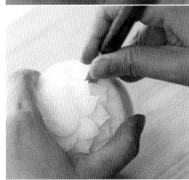

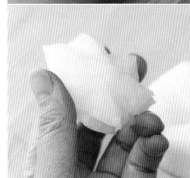

削切花瓣背面，修出漂亮形狀。凸顯花瓣背面的溝部位，即可完成雕工更精巧的花朵。

切雕第 3 層花瓣。至邊緣為止都要修整得很漂亮，以便花瓣延伸至邊緣為止。削切基底，修整得很平滑。以目前為止的切雕要領，完成第 3 層花瓣，切除背面廢料。

刀刃微微地朝著下方，從花朵側面切雕至正中央。刀刃切入深度略過花朵的正中央後，順著花朵形狀，改變角度，將刀刃重新切入，在避免切掉花瓣狀態下，小心地切離花朵。

JAPANESE RADISH CAMILLA
山茶花造型白蘿蔔切雕

P.196「大理花造型白蘿蔔切雕」的變化雕法。以白蘿蔔切雕山茶花，可直接當作裝飾，或蒸煮、當作湯料等。

使用的刀具

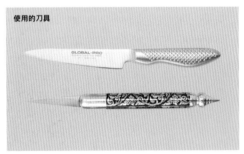

使用GLOBAL製刃長11cm小刀（GP-11）、雕刻刀。

1

白蘿蔔以菜刀輪切成厚約4cm段狀。去皮後削除稜邊，調整成半球狀。

2

將中央浮雕成圓柱狀。以雕刻刀的刀柄尾端作記號。完成由正上方俯瞰時，圓形直徑略大於圓形兩端，兩側幾乎等長（右圖中Ⓐ與Ⓒ等長，Ⓑ則略長於Ⓐ與Ⓒ）的記號。

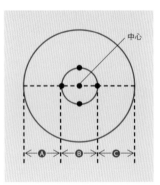

3

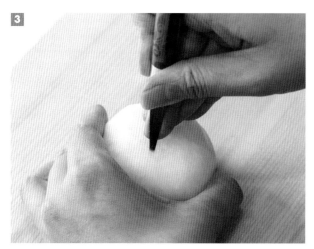

參考點記號，將雕刻刀的刀尖筆直切入約5mm。小指當作圓規的針，抵在9點鐘位置，朝著6點鐘方向，邊上下切雕，邊轉動白蘿蔔，繼續完成切雕。過程中轉動白蘿蔔，因此刀子一直維持在9點鐘位置。

4

於略微靠近圓形的外側，劃上切口。朝著最初切雕圓形部位的刀尖位置，將雕刻刀斜斜地切入，由3點鐘位置，朝著6點鐘位置，邊上下切雕，邊轉動白蘿蔔，完成切雕後，切下一片環狀廢料。切雕過程中轉動白蘿蔔，因此刀子一直維持在3點鐘位置。

5

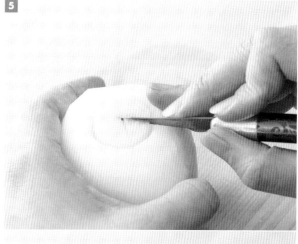

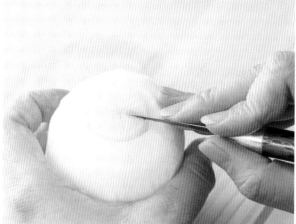

將中心的圓柱狀部位分成6等分後，稍微雕深一點，確實地雕出V形溝。

6

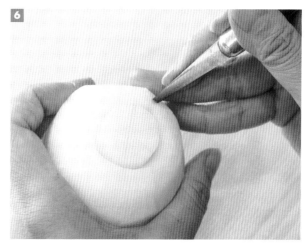

削切圓形外側邊緣，擴大圓柱狀部位與外側之間的溝。

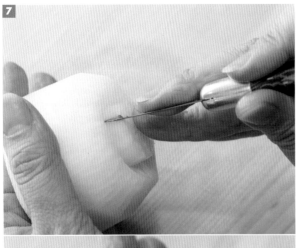

於各個心形部位
的邊緣正中央，
分別切掉一小塊
三角錐形廢料。
6個心形都切雕
成相同形狀。

將中心的圓柱狀部分雕成6個心形。沿著先前切雕的溝，邊觀察側面，邊確認，
將溝切雕得更深，一直切雕至側面的下方為止。感覺將圓柱狀部位分成6個心
形。然後削除稜角，修飾出渾圓形狀。

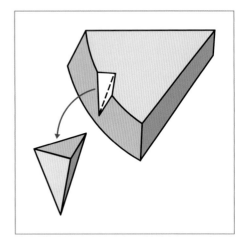

分別削除心形上部
邊緣的稜邊，將形
狀修飾得更圓潤。

10

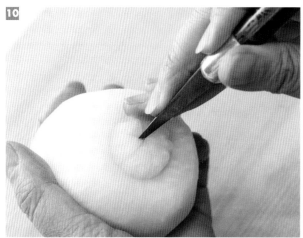

削切心形部位之間的溝,其中一部分雕深一點,就會形成陰影,使花朵看起來更立體。

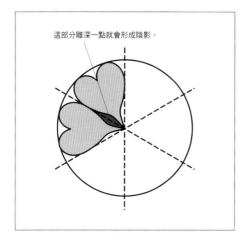

這部分雕深一點就會形成陰影。

11

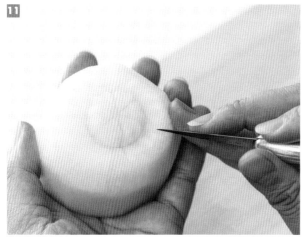

於外側切雕6片花瓣。於圓形溝的延長線上切雕V形溝,切雕至外側的邊緣為止。將刀刃由圓形中心切入後,將線延長至邊緣為止,圓形周圍劃線分成6等分。

12

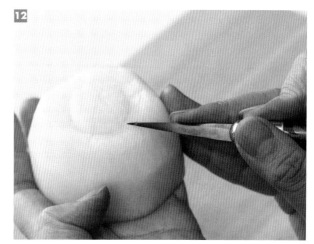

削切邊緣,調整形狀。

13

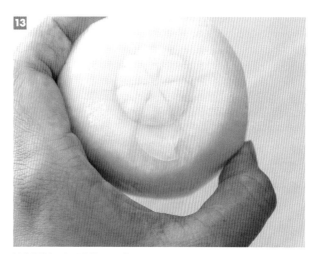

於線與線之間切雕花瓣。6片花瓣都切雕成相同形狀,完成左右形狀不對稱的花瓣。

14

切雕花瓣右側時，先立起刀刃，再慢慢地臥倒，然後立即以左手轉動白蘿蔔，邊以拇指與食指扭轉刀柄，劃上S形曲線。切雕左側時，先立起刀刃，切入後，邊以左手微微地轉動白蘿蔔，邊以拇指與食指扭轉刀柄，感覺直接加速劃切，即可順利地將切口延伸至邊緣為止。

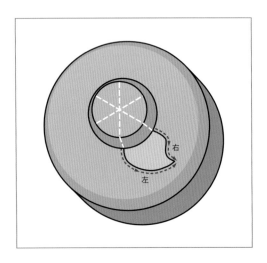

15

削除花瓣背面的廢料，使花瓣呈現浮雕狀態。

16

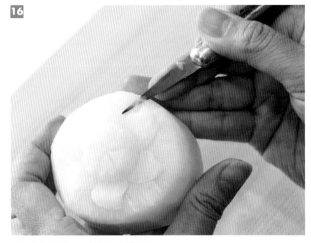

切雕第2層花瓣。切雕基座，修整形狀。

17

於第1層花瓣與花瓣之間，依序切雕第2層花瓣。第2層花瓣略大於1層花瓣。

18

削切花瓣的背面，使花瓣呈現浮雕狀態。以相同要領依序完成6片花瓣。

19

切下花朵。由側面看向裡側，沿著花瓣將刀刃由側面切入。刀刃切入深度略超過花朵的正中央後，順著花朵形狀，改變角度，將刀刃重新切入，在避免切掉花瓣狀態下，小心地切離花朵。

20

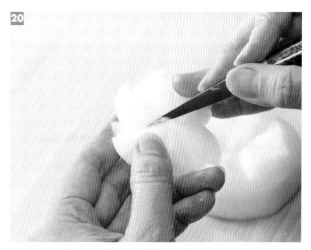

削切背面，修整出漂亮形狀。凸顯花瓣背面的溝部分，即可完成雕工精細的花朵。

PUMPKIN
DECORATION CASE
雕刻花朵的南瓜容器

將一整顆沖繩產南瓜切雕成容器。挑選表皮平滑少瑕疵
的南瓜吧！直接加熱後提供，或挖掉種子後空洞部位注
入布丁溶液蒸煮食用亦可。

使用的刀具

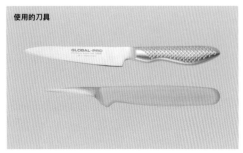

使用GLOBAL製刃長11cm小刀（GP-11）、雕刻刀。

1

於南瓜表面大致地作上記號。以蒂
頭部位為中心，利用雕刻刀柄部等
筆尖般硬物，完成由正上方俯瞰
時，圓形直徑與兩側等長的記號。

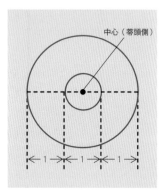

2

將南瓜想成圓形，作上6處記號。

3

切下作為容器蓋子的部分。依據步驟②作的記號，將小刀的刀尖朝著稍微靠近南瓜中心的下方，微微地傾斜刀身，深深地切入至中央的空洞為止。刀刃邊往前後切雕，邊以蒂頭為中心，劃上六角形切口後，取下蓋子的部分。

5

從側面開始削掉上側部位的表皮。如果預定切雕後加熱使用，以微波爐等加熱煮軟後切除外皮亦可。

4

以湯匙等挖出種子與瓜瓤等部分，將南瓜內部清理乾淨。切下的蓋子部分也充分利用，因此也挖掉種子與瓜瓤，事先處理乾淨。

6

主體部分切雕6朵花。蓋子部分的六角形中央部分，於略微靠近削掉表皮的正中央下方位置，以雕刻刀劃上十字型記號。

7

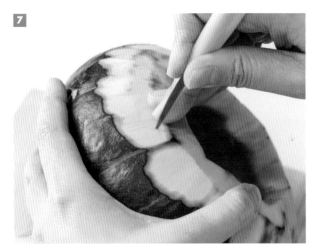

以十字型記號為中心，描畫圓形。
圓的直徑，約位於距離上部蓋子1：
1的位置。

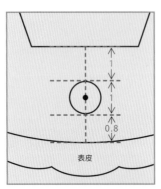

9

削掉圓形上面的稜邊，調整成半球狀。

10

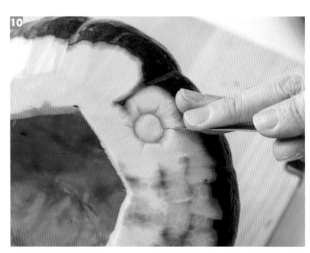

將半球狀部位的周圍分成6等分後，作記號以雕刻V形溝。

8

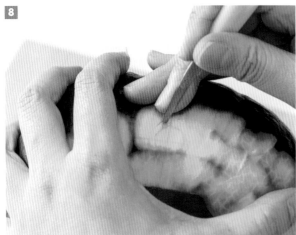

圓形周圍雕刻V形
溝，使圓形部分呈
現浮雕狀態。

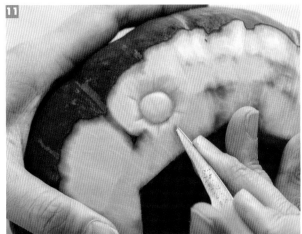

11

切雕花瓣。刀尖切入V形溝基部後，切除曲線狀廢料，至相鄰的V形基部為止。以相同的長度、曲線角度，依序完成6片花瓣。

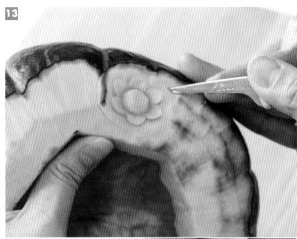

13

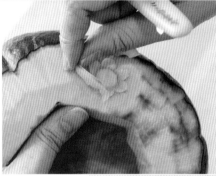

於大上圓形一圈的外側，依序切雕第2層花瓣。將切雕花瓣部分的表面修整得更平滑。

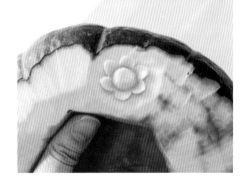

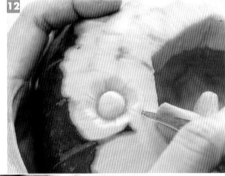

12

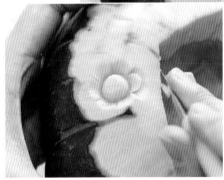

大幅改變角度，將刀刃斜斜地切入花瓣背面部位，切除廢料，使切雕花瓣部分呈現浮雕狀態。6片花瓣都以相同要領依序切雕。

14

於第1層花瓣與花瓣之間，依序切雕第2層花瓣。將刀刃由第1層花瓣尖端部位切入，劃切至相鄰花瓣的尖端部位為止，切除曲線狀廢料。切雕的花瓣大於第1層。大幅改變角度，將刀刃斜斜地切入花瓣背面後，切除廢料，使切雕花瓣部位呈現浮雕狀態。6片花瓣皆以相同要領完成切雕。

15

於大上一圈的外側切雕第3層花瓣。將切雕花瓣部位修整得更平滑。殘留表皮時，連皮一起削除。

16

如同切雕第2層花瓣，於第2層花瓣之間部位切雕6片花瓣。切除背面的廢料，使花瓣呈現浮雕狀態。以相同要領依序切雕6片花瓣。

17

切雕葉片。斟酌花朵與花朵之間的空隙，決定葉片長度。雕刻刀垂直切入中央的葉脈部分後，劃切線條。

18

朝著垂直切入的刀尖，大幅改變角度後，將刀尖斜斜地切入切口外側，切除廢料，完成浮雕狀態。

從中央的葉脈斜斜地切除V形廢料，完成上、下2條葉脈。以相同要領依序完成左右側葉脈。

大幅改變角度，將刀尖斜斜地切入葉片的背面，切除廢料，使葉片呈現浮雕狀態。以相同要領於花朵與花朵之間切雕，總共完成6片葉片。

修掉殘留的表皮，修整出漂亮外觀。

於葉脈的外側，切雕葉片外圍。審慎拿捏空間大小，切雕成曲線狀，即可完成漂亮精巧的葉形。

於蓋子部位切雕花苞。將刀刃淺淺地切入蒂頭部位後，描畫曲線狀至邊緣為止，即完成花苞輪廓。改變角度，將刀刃斜斜地切入內側後，切除廢料。

另一側也以相同要
領完成切雕。

將中央部分切雕成浮
雕狀態後，調整成形
狀渾圓的杏仁狀。以
相同要領依序完成6
個部分。

立起刀刃似地，斜斜地往花苞中央劃上淺淺的切口。

朝著劃切口的刀尖，改變角度，將刀刃斜斜切入後，切除廢料，使花瓣輪廓呈現
浮雕狀態。

朝著劃切口的刀
尖，改變角度，將
刀刃斜斜地切入
後，切除廢料，使
花瓣輪廓呈現浮雕
狀態。

盡情地享受精巧漂亮的

　　水果＆蔬菜雕刻是一項技術，透過切雕，將日常生活中最常見、最常吃的蔬菜與水果，處理得賞心悅目又散發怡人香氣，兼具視覺與嗅覺的美好感受。西瓜、洋香瓜等大型蔬果雕刻看起來實在「不簡單！」，這麼認為的人想必不少吧！　多了解幾種蔬果的基本切雕技巧後就會發現，事實上，不管多麼大型的蔬果切雕作品，都是以基本技巧反覆切雕完成，因此，努力地學習就能迅速地練就技巧。請先學會雕刻刀的用法。自己切雕的水果與蔬菜，看起來總是格外討喜。

PROFILE

FRUIT ACADEMY® 代表 **平野泰三**
果雕藝術家®　　　　　Taizo Hirano

1956年生於日本東京，拓殖大學畢業。留學美國期間對水果產生濃厚興趣，決定學習果雕技術。走遍世界各地，歸國後，進入新宿調理師專門學校就讀，畢業後曾服務於東京新宿的「TAKANO FRUIT PARLOR」。目前為東京中野區「FRUIT ACADEMY®」、「FRUIT PARLOR SUN FLEUR」代表。積極開辦蔬菜切雕、水果切雕等講座。
目前相當活躍的「果雕藝術家®」。著書無數。

報名、洽詢請參考以下資訊。
「FRUIT ACADEMY®」、「FRUIT PARLOR SUN FLEUR」
〒165-0032 東京都中野区鷺宮3-1-16ヒラノビル1F
Tel 03-3337-0351　fax 03-3339-6231
info@fruitacademy.jp
http://fruitacademy.jp/

水果&蔬菜雕刻樂趣

其次，除享受切雕樂趣外，在最後一定要好好地嚐嚐味道。水果切雕後，與大家分享，又能得到另一種樂趣。

此外，蔬菜切雕後，可調理成蔬菜沙拉，或經過蒸煮烹調成一道道美味佳餚。花朵造型的紅蘿蔔等則可冷凍保存。

即便是最常見、最常吃的蔬果，透過切雕，就能滿足視覺與嗅覺雙重美好感受，又能享受到截然不同的樂趣。

目前，日本市面上也能買到本書相關的水果&蔬菜雕刻DVD，敬請作為參考。

最後，謹向出版本書的編輯團隊，以及提供協助的FRUIT ACADEMY®優秀學員們致上最深摯的謝意。

FRUIT ACADEMY® 校長 **平野明日香**
果雕藝術家 ®　　　　Asuka Hirano

生於日本東京，珠寶設計專門學校畢業。
由珠寶設計師行業，轉換跑道投入烹調料理界。
學習果雕技術。
曾於日本與泰國曼谷的蔬果雕刻相關教學單位學習。
前往歐洲學習水果&蔬菜雕刻設計。
目前，透過東京中野區「FRUIT ACADEMY®」、「FRUIT PARLOR SUN
FLEUR」，提供水果&蔬菜雕刻的訂購銷售服務，並積極參與果雕婚禮、派
對、典禮儀式會場佈置與受邀各地講習等活動。

協助攝影

石井麻美（左）、新澤結加

TITLE

蔬果切雕 極致技法集

STAFF

出版	瑞昇文化事業股份有限公司
作者	平野泰三　平野明日香
譯者	林麗秀
總編輯	郭湘齡
責任編輯	蔣詩綺
文字編輯	黃美玉　徐承義
美術編輯	孫慧琪
排版	執筆者設計工作室
製版	印研科技有限公司
印刷	桂林彩色印刷股份有限公司
法律顧問	經兆國際法律事務所　黃沛聲律師
戶名	瑞昇文化事業股份有限公司
劃撥帳號	19598343
地址	新北市中和區景平路464巷2弄1-4號
電話	(02)2945-3191
傳真	(02)2945-3190
網址	www.rising-books.com.tw
Mail	deepblue@rising-books.com.tw
初版日期	2018年3月
定價	500元

國家圖書館出版品預行編目資料

蔬果切雕極致技法集 / 平野泰三, 平野
明日香作；林麗秀譯. -- 初版. -- 新北市：
瑞昇文化, 2018.03
216面 ; 20.7 x 28公分
ISBN 978-986-401-231-2(平裝)

1.蔬果雕切

427.32　　　　　　　　107003018

FRUITS & VEGETABLE CUTTING
© TAIZO HIRANO & ASUKA HIRANO 2016
Originally published in Japan in 2016 by ASAHIYA SHUPPAN CO.,LTD..
Chinese translation rights arranged through DAIKOUSHA INC.,KAWAGOE.